U0130719

太極命理

半桶水 著

作者簡介：

半桶水，湖北仙桃人，生於 1968 年。現為湖北師範大學校友、廣州市作家協會會員、廣東行銷學會副會長。自小受家庭熏陶，對易學情有獨鍾，於是走遍大江南北，拜訪名師，研習易學，對占卜、命理、風水、擇吉均有獨特正解，是一名民間易學士。主要著作有《太極易數》。

破窯賦

　　蓋聞天有不測風雲，人有旦夕禍福。蜈蚣百足，行不如蛇；雄雞兩翼，飛不如鴉。馬有千里之能，非人力不能自往；人有凌雲之志，非時運不能自通。

　　文章蓋世，孔子厄於陳邦；武略超群，姜公釣於渭水。顏淵命短，原非兇惡之徒；盜跖延年，豈是善良之輩？堯舜聖明，卻生不肖之子；瞽鯀愚頑，反有大孝之男。張良原是布衣，蕭何曾為縣吏。晏子無五尺之軀，封為齊國宰相；孔明無縛雞之力，拜作蜀漢軍師。霸王英雄，難免烏江自刎；漢王柔弱，竟有江山萬里。李廣有射虎之威，到老無封；馮唐有安邦之志，一生不遇。韓信未遇，乞食瓢母，受辱胯下，及至運通，腰繫三齊之印；白起受命，統兵百萬，坑滅趙卒，一旦時衰，死於陰人之手。

　　是故人生在世，富貴不能淫，貧賤不能移。才疏學淺，少年及第登科；滿腹經綸，皓首仍居深山。青樓女子，時來配作夫人；深閨嬌娥，運退反為娼妓。窈窕淑女，卻招愚莽之夫；俊秀才郎，反配粗醜之婦。蛟龍無雨，潛身魚鱉之中；君子失時，拱手小人之下。衣敝縕袍，常存禮儀之容；面帶憂愁，每抱懷安之量。時遭不遇，只宜安貧守分；心若不欺，必然揚眉

吐氣。初貧君子，已成天然骨格；乍富小人，不脫貧寒肌體。

有先貧而後富，有老壯而少衰。天不得時，日月無光；地不得時，草木不生；水不得時，風浪不平；人不得時，利運不通。注福注祿，命裏已安排定，富貴誰不欲？人若不依根基八字，豈能為卿為相？

吾昔寓居洛陽，日乞僧食，夜宿寒窯。思衣則不能遮其體，思食則不能飽其飢。夏日求瓜，失足矮牆之下；冬日取暖，廢襟爐火之中。上人憎，下人厭，人道吾賤也。非吾賤也，此乃時也，運也，命也。今在朝堂，官至極品，位居三公。鞠躬一人之下，列職萬人之上。擁攝百僚之杖，握斬鄙咨之劍。思衣則有綾羅綢緞，思食則有山珍海味。出則有虎將相隨，入則有佳人臨側。上人趨，下人羨，人道吾貴也。非吾貴也，此乃時也，運也，命也。

嗟呼！人生在世，富貴不可盡恃，貧賤不可盡欺。聽由天地循環，周而復始焉。

序：
趨吉避凶的寶典——
《太極命理》

　　論命之學，始創於春秋戰國時期鬼谷子，流行於諸子百家之「陰陽家」。各算命士執杖獨行於山墅村肆，與人批命百不失一，因鐵口直斷而聲名遠播。

　　流行於民間的命理學主要以師父傳徒弟的方式傳承，口傳心授，不著文字，故其斷命之法不得為外人所知。然而，古往今來，算命術士長盛不衰，「知命順命，知運掌運」之風盛行，斷人事吉凶禍福，趨吉避凶成為人生目標之一。

　　相傳自唐代《滅蠻經》面世之後，坊間算命書漸多。據傳唐代御史李虛中首創以「年柱」為主，配以月柱、日柱之生剋關係論命。宋初徐子平則改用「日柱」為主，配合陰陽五行，生剋制化，刑沖會和，旺相休囚論命。直到今日仍有很多命理學家喜歡用「子平術」稱呼命理學。

　　時至今日，命理學產生了不同派別，分別是傳統派、民間派、新法派、江湖派等。各派各具特色，也各有所短，有算命士窮其一生，也難窺其堂奧。

　　魚龍混雜的命理學已背離《易經》之簡易精神，原因就是在各派命理學中均有歷代弟子臆想的偽學摻雜其中。 所以，

這樣算命不僅準確率不高,更難達到趨吉避凶、造福人類的目的。

命理學預測的意義就是求福避禍、趨吉避凶。本書中所述的部分理論現僅存於民間少數算命士之中,口口相傳,並沒有流行於世。筆者走遍大江南北拜訪名師研習,再加入自己多年實踐後,編撰整理這本《太極命理》,旨在弘揚中華民族優秀文化,去其糟粕、取其精華,使這一從古流傳至今的寶貴傳統文化遺產發揮其真正的作用,希望可以幫助人們走向平安幸福、健康快樂的人生!

遺漏爭議之處,尚請各界有識之士不吝賜教指正,感激萬分!

半桶水序於海口西海岸寓所

2022 年 8 月 4 日

目錄

第一章

陰陽五行

第一節　陰陽學說

《易經》曰：「一陰一陽之謂道。」陰陽學說是古代中國人的一種宇宙觀和方法論，用以認識自然和解釋自然現象。其基本理論即世界上萬事萬物都是陰陽兩氣的產物，陽主動，陰主靜。《易經》的太極圖就是陰陽的總結和象徵的標誌（見圖 1-1）。

圖 1-1 太極圖

一切事物的形成、變化和發展，全在於陰陽二氣的運動和轉化。在太極命理中，特別要注意陰陽的以下特徵：

一、陰陽對立

陰是陰、陽是陽，如天干是陽、地支是陰；男人是陽、女人是陰等等。

二、陰陽互根

陽為陰根、陰為陽根，互存互依、互相為用。如沒有邪惡，就沒有正義；沒有黑，就沒有白；沒有凶，就沒有吉等等。

三、陰陽消長

陰消陽長、陽長陰消，陰陽始終處在此消彼長、此退彼進的動態平衡中，如四季循環、晝夜循環等等。

四、陰陽轉化

在一定條件下，陰陽可以相互轉化，陽可變陰、陰可變陽，如凶極變吉、否極泰來等等。

五、陰中有陽、陽中有陰

如凶中有吉、吉中有凶等等。

六、同性相斥、異性相吸

如同陰同陽相剋，剋力大；一陰一陽相剋，剋力小。

陰陽學說認為人的一生就是一個陰陽變化的過程，太極命理就是利用陰陽的原理發展出的一套計算凶吉悔吝的理論。有心研習命理者可以熟讀此書，或能在算命的實踐中體悟人生命運的玄妙。

第二節　五行學說

　　天上有五星：木、火、土、金、水，因為都是行星，所以雅稱「五行」。

　　地球有重力場，既包括力、能量，也含有地球所呈現出來的象。所謂象，是指具備某一共同特徵的一類事物。五行也有類似地球重力場的場，可以稱之為木星場、火星場、土星場、金星場、水星場，既表示五種力、五種能量，也表示五種象。

　　五行特性如下：

- **木**：生發、柔和、曲直、舒展。如植物、早晨、春天、東方、青綠色等。
- **火**：溫熱、光亮、向上、升騰。如火焰、光芒、夏天、紅色、南方等。
- **土**：長養、生化、受納、變化。如土山、黃色、中央等。
- **金**：清涼、潔淨、收斂。如金屬、秋天、白色、西方等。
- **水**：寒冷、向下、潮濕、滋潤。如水、雨、雪、夜、黑色、北方、冰等。

　　「悟得透陰陽，逃不脫五行。」人出生時秉受天地陰陽五行之氣，又受陰陽五行之氣的影響，這樣就形成了人的命運，太極命理計算人的吉凶悔吝，實質上就是計算在人的一生中陰陽五行的平衡和流通，所以，學習太極命理，應該深入地研究和理解陰陽五行。

太極命理

第三節　五行生剋

　　五行之間的相互關係，既有相生的一面又有相剋的一面（見圖 1-2)，這種相生相剋的作用，促使宇宙中的事物變化和發展。五行相生是指相互滋生、促進、助長。相剋是指互相約束、克制、抑制的意思。

一、五行相生

　　木生火、火生土、土生金、金生水、水生木，循環相生。

二、五行相剋

　　木剋土、土剋水、水剋火、火剋金、金剋木，循環相剋。

圖 1-2 五行生剋圖

三、五行生剋圖

師曰：

> 五行相剋又相生，萬物變化無休停。
>
> 比如春種秋收穫，沒有夏熱哪能成。
>
> 相生好比是民主，相剋恰如同法律。
>
> 二者絕不可分割，主動適應福隨行。

第四節　中和為貴

一、五行正剋

> 金旺得火，方成器皿，
>
> 火旺得水，方成相濟，
>
> 水旺得土，方成池沼，
>
> 土旺得木，方能疏通，
>
> 木旺得金，方成棟樑。

二、生多為剋

> 金賴土生，土多金埋，
>
> 木賴水生，水多木漂，
>
> 水賴金生，金多水濁，
>
> 火賴木生，木多火塞，
>
> 土賴火生，火多土焦。

三、泄多為剋

> 金能生水，水多金沉，
>
> 木能生火，火多木焚，
>
> 水能生木，木盛水縮，
>
> 火能生土，土多火晦，
>
> 土能生金，金多土虛。

太極命理

四、五行相乘

金衰遇火，必見銷熔，

木弱遇金，必為砍折，

水弱逢土，必為淤塞，

火弱逢水，必為熄滅，

土弱逢木，必遭傾陷。

五、五行相侮

金能剋木，木堅金缺，

木能剋土，土重木折，

水能剋火，火炎水蒸，

火能剋金，金多火熄，

土能剋水，水多土流。

半桶水註：

1、五行相生相剋，存在一個一分為五的法則，例如水能剋火，這是基本屬性。但水究竟能不能剋火呢？這就要分五種情況來分析，俗稱「一五法則」：

(1) 水弱火旺，水剋火，水耗盡，火仍旺。

(2) 水旺火弱，水剋火，火速熄，水仍大。

(3) 水火旺弱勢均，水剋火，水火既濟，互有好處，水能發揮作用，火勢得控，能夠長久燃燒。

(4) 水弱火旺，水有旺金生，而生火的木弱或無，水終要勝利。

(5) 水旺火弱，生水的金弱或無，而生火的木旺，火終要勝利。

2、本節文中，五行旺弱，只能以月建藏干主氣為標準來區分其旺、相、休、囚、死五種狀態，才能分得清楚。如果以某五行多、某五行少或有沒有根之類的臆想標準來審察，就可能因浮光掠影而導致出現錯誤。

第二章

天干

人類居住在地球上，人們稱之為「陽間」，命理學家假設人死後就到陰間生活去了。由此類推，命理學家便假設地球是有兩個的，一個是人活着生活的地球，活人是看得見的，稱為「陽地球」；一個是人死後生活的地球，死人才看得見，稱為「陰地球」。同理，天上五星分陰陽，五顆陽星，五顆陰星，共有十顆，古人用十個符號來標識它們：甲、乙、丙、丁、戊、己、庚、辛、壬、癸。其中：甲乙代表木星、丙丁代表火星、戊己代表土星、庚辛代表金星、壬癸代表水星。

甲丙戊庚壬代表陽星，乙丁己辛癸代表陰星，因五星在天上，故稱「天干」。與地球有個重力場會產生重力、能量一樣，金星、水星、木星、火星、土星也分別有金星場，水星場、木星場、火星場、土星場會產生五行重力和五行能量，於是，十天干之間就有了具體的內涵，相互之間就發生了相互作用。

第一節　天干作用關係

據半桶水師傅傳授：

一、天干之生

1、甲乙生丙丁，丙丁生戊己，戊己生庚辛，庚辛生壬癸，壬癸生甲乙。

2、陽可生陽，陽可生陰；陰可生陽，陰可生陰。

3、陽實而陰虛，故以陽生者力較大，陰生者力較弱。陽大而陰小，故陽生陰者，利陰而不利陽；陰生陽者，陰消陽

長。陽顯而陰隱，陽生陽者，氣勢必增；陰生陰者，其情不斷，其意不斷。

二、天干之剋

1、甲乙剋戊己，丙丁剋庚辛，戊己剋壬癸，庚辛剋甲乙，壬癸剋丙丁。

2、天干相剋，需細辨陰陽。同性相剋，如丙剋庚，力大無情，剋性暴虐，有損傷、壓制、破壞之意；異性相剋，如乙剋戊，剋而有情，剋性溫柔，有規勸、教導之意。

3、天干相生相剋圖（見圖 2-1）

順生隔克

圖 2-1 天干相生相剋圖

三、天干之合

1、五行正化

甲己化戊土，

乙庚化庚金，

丙辛化壬水，

丁壬化甲木，

戊癸化丙火。

半桶水註：

1、天干為陽，故化神為陽干。

2、干支的合化關係之中只有化真、化假兩種情況。合化出來的干，是月支主氣所生者、所剋者為化真。是生月支主氣、同月支主氣、剋月支主氣者為化假。因為春、夏、秋、冬四季是唯一的存在，剋萬物，生萬物。而絕對沒有生四季、剋四季、同四季的東西存在。

3、在命運計算中，化真，以合化出來的干論喜忌吉凶，喜者吉、忌者凶。化假，為制、為糾纏、為合伴，無論喜忌，原神、化神均起作用，視具體命局而定。生剋制化之制意，坊間書本大多沒說清楚。

2、妻從夫化

甲己合化甲木，丙辛合化丙火，丁壬合化壬水，戊癸合化戊土。

化真：喜者，夫得妻助；忌者，因妻惹禍。

化假：無論喜忌，夫妻緣分深，白頭到老，但一生恩恩怨怨。

3、夫從妻化

乙庚合化甲木，丙辛合化庚金，丁壬合化丙火，戊癸合化壬水。

化真：喜者，夫深愛妻；忌者，夫懼內。無論喜忌，妻奪夫權，妻當家。男命必怕妻子，辦事膽小、拖拉，女命乃母老虎，欺夫罵翁。

化假：特徵減弱，但男命仍懼內，女命仍當家。

半桶水註：

1、夫從妻化、妻從夫化有個條件：女命年干為妻干五行，則夫從妻化。男命年干為夫干五行，則妻從夫化。

4、爭合

三個天干成合，即左右同合，如己、甲、己，兩己合甲，這種情況叫爭合，凡具爭合的命造無論男女皆風流好色。

5、妒合

坊間往往把妒合與爭合混為一談，其實這是兩種截然不同的形式，爭合就是相爭，妒合就是妒忌別人的相合。

妒合有五組：甲己乙、庚乙辛、丙辛丁、壬丁癸、戊癸己（三干必須相連）。命局見此猜疑心強，妒忌心強，挑撥是非。

半桶水註：

1、緊貼干合

（1）干合宜緊貼。

（2）合而化真，則原來兩干之本性已失。

例1：○○○○辛丙

　　○○辰○亥午

丙辛合化水後，丙不再是火，辛不再是金，變成兩個水。

(3) 合而化假，為制、為糾纏，原神、化神均起作用。

例2：○○○辛丙

　　　○○亥卯辰

因合化之神同月支主氣，故丙辛合假，變成「複雜」。

(4) 年干被合：無論化與不化，年干之原性不失。

例3：○○戊癸○○

　　　○○午丑○○

戊癸合化，不論化與不化，戊土之原性仍保留。

2、相隔不合

(1) 遙合不合：有合之情，而無合之實。

例4：○○○庚丙乙

　　　○○○○○○

乙與庚相隔，不合。

(2) 爭合、妒合，也能成化。

(3) 爭合有序。

干合有序，運、世、年、月、日、時。

例5：○○丁壬丁○

　　　○○丑寅午○

月干壬與年干丁合在先，故不能與日干丁合。

(4) 鴛鴦合

四個天干各自找到合之對象。

例6：○○丁壬丁壬

　　　○○丑寅丑寅

天干見二丁、二壬，由有爭變無爭，各自合。

太極命理

第二節 天干之象

一、十干配五行、四時、方位

陽干	甲	丙	戊	庚	壬
陰干	乙	丁	己	辛	癸
五行	木	火	土	金	水
方位	東方	南方	中央	西方	北方
四時	春	夏	四季月	秋	冬

表 2-1 五行四時方位天干表

二、組合之象

1、十干訣

· 甲：一甲獨路行，二甲二把刃，男帶三甲無財生，女帶三甲一世空。

· 乙：一乙少年苦，二乙多勤利，三乙四乙人生艱難。

· 丙：一丙多猛烈，二丙多疾病，三丙四丙耳朵聾。

· 丁：一丁主聰明，二丁有財利，三丁四丁多惡疾。

· 戊：一戊有富貴，二戊有財庫，三戊四戊遠離鄉。

· 己：一己遠離鄉，二己有錢財，三己四己走他鄉。

· 庚：一庚心膽大，二庚肚疼亡，三庚四庚是富命。

· 辛：一辛多知理，二辛日文章，三辛多學問，四辛多辛苦。

· 壬：一壬多才能，二壬多迷思，三壬四壬難站立。

· 癸：一癸心有謀，二癸言粗魯，三癸四癸命富貴。

2、死亡訣

> 一木三金刀下死，一金三火火中亡，
> 一火三水水中死，一水三土土中埋，
> 一土三木棍下亡。

3、天干兩字訣

> 兩丙兩庚俱壽足，兩庚兩甲兩村鄉。
> 兩壬兩辛兩爹娘，最好螟蛉或過房。

4、天干三字訣

> 三甲天上貴，孤獨守空房。三乙多陰私，又是敗祖業。
> 三丙人孤老，母在產中亡。三丁多惡疾，手足也自傷。
> 三戊子隨出，離祖別家鄉。三己別父母，兄弟各一方。
> 三庚是財郎，萬里置田莊。三辛壽限長，財滯多災難。
> 三壬家世盛，有富不久長。三癸一亥全，烈火燒居屋。

5、天干四字訣

> 四甲少夫妻，四乙命早亡。四丙子息空，四丁壽不長。
> 四戊人孤刑，四己人忠良。四庚走他鄉，四辛壽限長。
> 四壬定富足，四癸人夭亡。

6、合飛伏神

> 二甲無己飛出己，二己無甲飛出甲。
> 二庚無乙飛出乙，二乙無庚飛出庚。
> 二丙無辛飛出辛，二辛無丙飛出丙。
> 二丁無壬飛出壬，二壬無丁飛出丁。
> 二戊無癸飛出癸，二癸無戊飛出戊。

太極命理

半桶水註：

1、以上組合之象在命局（運柱、世柱、年柱、月柱、日柱、時柱，計六柱，本書中凡説命局即指此六柱）中尋找。

2、太極命理中，飛出之神，稱為「伏神」，命局中沒有的字，往往在命局中起很大作用。如伏財的命局，真財不外露，男命則金屋藏嬌。伏官的命局會有高官職，女命則暗有情人等……總之伏什麼有什麼！

3、伏吟即是物極必反之象。

第三章

地支

一年有春、夏、秋、冬四季。一季有孟、仲、季三月。一年共有十二個月，古人用十二地支來記載。十二地支為：子、丑、寅、卯、辰、巳、午、未、申、酉、戌、亥。

　　混沌初分天地，然後有陰陽。清氣上升而成天，濁氣下降而成地。故而天干為輕清之氣，其氣純而易分；地支為重濁之氣，其氣雜而難辨（見圖 3-1）。

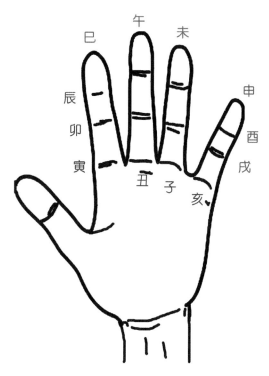

圖 3-1 十二地支掌訣圖

第一節　十二地支屬性

地支	子	丑	寅	卯	辰	巳	午	未	申	酉	戌	亥
陰陽	陽	陰	陽	陰	陽	陰	陽	陰	陽	陰	陽	陰
五行	水	土	木	木	土	火	火	土	金	金	土	水
方位	北	東北	東北	東	東南	東南	南	西南	西南	西	西北	西北
生肖	鼠	牛	虎	兔	龍	蛇	馬	羊	猴	雞	狗	豬
月份	十一	十二	一	二	三	四	五	六	七	八	九	十
時辰	23-1	1-3	3-5	5-7	7-9	9-11	11-13	13-15	15-17	17-19	19-21	21-23
四時	冬		春			夏			秋			冬

表 3-1 十二地支屬性表

第二節　地支藏干訣

　　古代的命理學家認為，天干為天元，地支為地元，地支所藏者為人元，地支除主氣外還含餘氣。

　　師曰：

<blockquote>

子宮水星在其中，丑宮土星金水同。

寅宮木星兼火星，卯宮木星獨相逢。

辰藏土星木水行，巳中火星並金星。

午宮火星氣焰高，未宮土木火共宗。

申位金水美麗容，酉宮金星獨豐隆。

戌宮火土及金星，亥藏水木是真蹤。

地支藏干記在心，用時一瞬眼前明。

陽男陰女優劣質，評說吉凶符實情。

</blockquote>

地支	子	丑	寅	卯	辰	巳	午	未	申	酉	戌	亥
藏干	癸	己	甲	乙	戊	丙	丁	己	庚	辛	戊	壬
	壬	戊	乙	甲	己	丁	丙	戊	辛	庚	己	癸
	/	庚	丙	/	甲	庚	/	甲	壬	/	丙	甲
	/	辛	丁	/	乙	辛	/	乙	癸	/	丁	乙
	/	壬	/	/	壬	/	/	丙	/	/	庚	/
	/	癸	/	/	癸	/	/	丁	/	/	辛	/

表 3-2 地支藏干表

半桶水註：

1、子午卯酉為四旺點，佔天地之四極，故氣專而強。寅申巳亥為四長生點，除主氣之外，含有各自的長生之氣。辰戌丑未為墓庫點，除主氣之外，還含有墓庫之氣，故又稱「雜氣」。

2、地支所藏之氣是運動的，故陰陽之氣均有。有別於本書的是，大多坊間書本乃採用百分比計算主氣，餘氣純是想當然而為之。

3、十二地支除主氣外，其他氣統稱為餘氣。

子	丑	寅	卯	辰	巳	午	未	申	酉	戌	亥
癸	己	甲	乙	戊	丙	丁	己	庚	辛	戊	壬

表 3-3 十二地支主氣表

4、坊間所傳十二地支藏干訣，半桶水認為應該是誤傳所致。其一，實際批命過程中，寅、申、巳、午根本沒有土氣，有土氣存在，就會混淆視聽，根本批不準命；其二，老子曰：「道生一，一生二，二生三，三生萬物。」子、午、卯、酉為四正之氣，各藏一行。寅、申、己、亥為長生之氣，各藏二行。辰、戌、丑、未為墓庫之氣，各藏三行。可見，兩者或有共通之處。

5、李澤恩師傅在香港油麻地執業五十多年，收我為弟子後，傳我此地支藏五行訣，我當時還將信將疑，經過我十餘年的實踐，我才知道師父所傳的應是正確的。

第三節　旺、相、休、囚、死

一、五行在每季中分旺、相、休、囚、死五態

正月寅甲木，二月卯乙木，木旺於春萬山青。

四月巳丙火，五月午丁火，火旺於夏熱氣騰。

七月申庚金，八月酉辛金，金旺於秋果豐盈。

十月亥壬水，冬月子癸水，水旺於冬水復冰。

三辰九戌戊，六未臘丑己，土旺四季色變新。

二、天干旺、相、休、囚、死五態

旺：月支主氣相同的天干。　（旺）

相：月支主氣所生的天干。　（次旺）

休：生月支主氣的天干。　（小衰）

囚：剋月支主氣的天干。　（中衰）

死：月支主氣所剋的天干。　（最衰）

十二月支／五行旺	寅卯月春天木旺	巳午月夏天火旺	申酉月秋天火旺	亥子月冬天水旺	辰戌丑未月四季土旺
甲乙	旺	休	死	相	囚
丙丁	相	旺	囚	死	休
戊己	死	相	休	囚	旺
庚辛	囚	死	旺	休	相
壬癸	休	囚	相	旺	死

表 3-4 旺相休囚死五態表

半桶水註：

1、將夏曆一年十二個月概為四孟月、四仲月、四季月。正、四、七、十為四孟月，二、五、八、冬為四仲月，三、六、九、臘為四季月。命學古書上說的「土旺於四季」，四季所指的應該就是三、六、九、臘月，所以相比於木、火、金、水，應該多旺兩個月。

2、辛亥革命至今，在大陸、香港、台灣出版的命學翻譯書和新著當中，或許部分作者不理解「土旺於四季」的含義，加上受西洋百分比統計學平均法觀點的影響，將「土旺於四季」解釋為立春、立夏、立秋、立冬四節氣前的十八天，合計七十二天。所謂「四立」前十八天之月，正是三、六、九、臘月。這四月如果各減去十八天土，在前的十二天就是乙木、丁火、辛金、癸水了。把這十二天往前加，就成了乙丁辛癸四陰干各旺四十二天，而甲丙庚壬四陽干則只各旺三十天。可見，這並不平均。還有，「四立」前十八天土旺，戊土和己土怎麼劃分旺的天數呢？似乎並無人發表過見解。

3、實際上「四立前十八天土旺」的解釋是錯誤的。天地間的萬事萬物，平均、平衡只是暫時的狀況，相對不平衡是長期的狀態。將西洋的百分比統計學平均法引入人生命學猶如自戴枷鎖。此外，還有人認為土旺是地球土旺，一年四季出莊稼，這更是將土星與地球混為一談的見解。

4、古往今來，或許很多算命士的思維總在「四立前十八天旺」上轉圈圈，所以，天干值月節令的旺、相、休、囚、死五態，可能因此未能被分辨得十分清楚和準確。晚清命學師蔡國祥說：「不知四柱四般煞，難定浮生榮與枯。」所謂「四般煞」就是風水學家所說的戊己煞。每年，從天干說，戊月、己月各只有一個月。但戊、己兩干是流動的。戊干，六陽支都要走到；己干，六陰支都要走到。只有辰、未、戌、丑四支，固定在三、六、九、臘月，才能說明戊、己的旺、相、休、囚、死，才能計算命運。

太極命理

第四節　地支作用關係

一、合

1、六合

子丑合己土，寅亥合乙木。卯戌合丁火，辰酉合辛金。
巳申合癸水，午未合戊土。古論感情合，好像心相印。
　　　　其實不見得，要辨假和真。

2、四方局

　　寅卯辰合春天乙木局、巳午未合夏天丁火局、
　　申酉戌合秋天辛金局、亥子丑合冬天癸水局。

3、四時局

　　亥卯未合東方甲木局、寅午戌合南方丙火局、
　　巳酉丑合西方庚金局、申子局合北方壬水局。

4、生地半時局

　　　亥卯半合甲木局、 寅午半合丙火局、
　　　巳酉半合庚金局、申子半合壬水局。

5、墓地半時局

　　　卯未半合甲木局、午戌半合丙火局、
　　　酉丑半合庚金局、子辰半合壬水局。

6、暗合

　　暗合是指地支藏干主氣相合。例：寅丑暗合、午亥暗合、卯申暗合。

半桶水註：

1、地支六合必須緊貼，遙隔不能合。

2、合化、合制由月支主氣決定。月支主氣所生之神、所剋之神，合
　　化，同月支主氣之神。生月支主氣之神、剋月支主氣之神，合制。

3、鴛鴦合必須緊貼：

　　例1：○　　○　　○　　○　　○　　○
　　　　　　　○　　○　　巳　　申　　申　　巳

　　例2：○　　○　　○　　○　　○　　○
　　　　　　　○　　○　　巳　　申　　辰　　酉

　　例3：○　　○　　○　　○　　○　　○
　　　　　　　○　　○　　巳　　辰　　申　　酉

　　例1、例2皆為鴛鴦合，例3辰酉及巳申並不緊貼，不是鴛鴦合。

4、方局必須三字俱全（不須緊貼），沒有半方局。

5、時局、半時局不須緊貼。

6、方局力量強於時局、時局力量強於半時局，半時局又強於六合。

7、六合、半時局、三時局、三方局同現，都發生作用，沒有讓路的說
　　法。

二、害

沖其合神者相害，主糾纏、損害、是非、傷殘等。午丑害、子未害、巳寅害、申亥害、辰卯害、酉戌害。

> **從來白馬怕青牛，羊鼠相逢一旦休。**
> **蛇遇猛虎如刀戳，豬遇猿猴似箭投。**
> **龍逢兔兒雲端去，金雞見犬淚雙流。**
> **六害相逢似仇敵，害倒六親人品憂。**

三、沖

沖，主動、反目、對抗、離散、矛盾等。

子午相沖、丑未相沖、寅申相沖、卯酉相沖、辰戌相沖。

> **地支相沖五行敗，離家別祖住在外。**
> **剋親傷情疾病多，一身不安憂愁在。**

四、刑

刑指刑法、刑罰、刑傷。

1、亂倫刑：子午卯刑、主桃花、語言惡毒、毫無禮數。

2、無恩刑：寅巳申刑、主血光、牢獄之災。

3、恃勢刑：丑戌未刑、主反叛、殘疾、疾病纏身。

4、自纏刑：辰酉亥午刑、主自己傷害自己、自殘、自凶。

半桶水註：

1、刑要三字全才算。

五、破

破：主無情、破壞、腐蝕、廢棄、破耗、財產等。

子酉相破、丑辰相破、寅亥相破、卯午相破、巳申相破、未戌相破。

六、絕

絕：主異性相剋伐、意外之傷殘、大凶、破壞、失和、疾病等意象，絕是相互的。

子巳絕、亥午絕、酉寅絕、卯申絕。

兩行相剋伐而絕，意味着飛來之災、突發事件等。

七、拱

十二地支中，亥丑拱子、子寅拱丑、丑卯拱寅、寅辰拱卯、卯巳拱辰、辰午拱巳、巳未拱午、午申拱未、未酉拱申、申戌拱酉、酉亥拱戌、戌子拱亥。

1、正拱（方局）

寅辰拱卯：天干見乙，填實木局。

巳未拱午：天干見丁，填實火局。

申戌拱金：天干見辛，填實金局。

亥丑拱水：天干見癸，填實水局。

2、外拱（時局）

寅戌拱午：天干見丁，填實火局。

亥未拱卯：天干見乙，填實木局。

申辰拱子：天干見癸，填實水局。

巳丑拱酉：天干見辛，填實金局。

3、夾拱（拱墓庫）

卯巳拱水庫：天干見壬癸，水神出庫。

午申拱木庫：天干見甲乙，木神出庫。

酉亥拱火庫：天干見丙丁，火神出庫。

子寅拱金庫：天干見庚辛，金神出庫。

八、飛

1、地支合飛

二丑無子飛出子，二寅無亥飛出亥，

二亥無寅飛出寅，二戌無卯飛出卯，

二辰無酉飛出酉，二巳無申飛出申，

二申無巳飛出巳，二未無午飛出午。

2、地支沖飛

二子無午飛出午，二午無子飛出子，

二寅無申飛出申，二申無寅飛出寅，

二卯無酉飛出酉，二酉無卯飛出卯，

二巳無亥飛出亥，二亥無巳飛出巳。

半桶水註：

1、干支合化，由月支主氣辨真假，與年干五行強弱辨喜忌。

2、人生運氣，無論大運和流年，凡是見了干支化合的，就以干支化合
為運氣突變數據，用喜忌真假辨吉凶。

3、干支化合，部分坊間著作，只有簡單的何為五合、六合、八合（稱
三合）的敘述，並無理論講解，更未談及如何應用。今人著作，或
因不懂而將它丟了。實際上干支化合是夫妻關係的好壞，各種社會
交往、合作、聚散的數據，也是人運氣由漸變到突變的焦點。推算
人生命運吉凶，將着眼點移到干支化合的年歲，就是抓住了聚焦的
中心。干支化合同時出現，以干為外，為明、為快，以支為內、為
暗、為慢，仍以喜忌真假評斷吉凶。

4、刑沖害破律

十二支四律，代表國家和人民利益的四種法律。一、刑法。二、沖法。三、害法。四、破法。此四法命局和大運、流年不能違犯，違犯了就可能會有牢獄之災或親人死亡之災。雖然，一代又一代命學師盡量不談與國家和人民有直接關係的政治、法律。但命學中的刑、沖、害、破四律仍是存在的，「有牢獄之災」實際上就是一句政治話。

 (1) 刑法是國家的根本法律，有亂倫刑、無恩刑、恃勢刑、自纏刑四種。所定的刑支字，在命局中出現了，又在大運、流年上見到其中一支，就是犯了刑法。

  ·亂倫刑：古今的多種刑事犯罪，如：通姦、騙姦、強姦、輪姦等，都在此刑之內。

  ·無恩刑：大多親人死亡，少數是惡性犯罪。

  ·恃勢刑：此刑是地方勢力、宗派勢力各有所恃，相互傾軋，傷害，其特點是重陰謀、人數多、時間長。貪官與黑惡勢力相互勾結，往往發展成恃勢之刑。

  ·自纏刑：亂想胡為，如同飛蛾撲火燒自身。

 (2) 沖法是地方利益的法律，所定的兩個沖支字，在命局出現了，又在大運、流年上見到其中一支，就犯了沖法。

 (3) 害法是人際關係的法律，所定的兩個害支字，如果命局出現了，又在大運、流年上見到其中一支，就犯了害法。

 (4) 破法：破法是破壞人事、物事的法律。

  刑、沖、害、破、四律，人生命運犯了，大體有三種凶患出現：

  ·親人非正常的過早死亡。

  ·命人及有關親人，犯了多方面的嚴重錯誤，名聲、經濟損失大。

  ·觸犯國家法律，判處徒刑，甚至極刑。

5、拱出之字，飛出之字為伏神，是吉是凶，依所伏之神吉凶而斷。

太極命理

第五節　地支三字訣

　　三子婚事重，三丑四夫妻，三寅半孤寡，

　　三卯凶惡多，三辰好鬥傷，三巳遭刑害，

　　三午剋妻房，三未守空房，三申人不足，

　　三酉獨居房，三戌訟事多，三亥孤苦臨。

用法如下：

　　　命局六柱地支找，歲運出現運期到，

　　　局中二字歲運逢，所應災行比較小。

半桶水註：

1、命局中三字者，應期在三字連的年運。

2、命局中二字連，大運再行之，可應事。

3、命局中二字連，年運行之可應事。

第四章

六十甲子

一、六十甲子

六十甲子，是記錄時間的符號，依陽干配陽支，陰干配陰支的原則，共組成六十組循環運用（見表 4-1），分別為紀運、紀世、紀年、紀月、紀日及紀時之用。傳說以黃帝登基之年紀為甲子年開始推算（公元前 2697 年）。

干支	甲子	甲戌	甲申	甲午	甲辰	甲寅
公元年份	1924 1984	1934 1994	1944 2004	1954 2014	1964 2024	1974 2034
干支	乙丑	乙亥	乙酉	乙未	乙巳	乙卯
公元年份	1925 1985	1935 1995	1945 2005	1955 2015	1965 2025	1975 2035
干支	丙寅	丙子	丙戌	丙申	丙午	丙辰
公元年份	1926 1986	1936 1996	1946 2006	1956 2016	1966 2026	1976 2036
干支	丁卯	丁丑	丁亥	丁酉	丁未	丁巳
公元年份	1927 1987	1937 1997	1947 2007	1957 2017	1967 2027	1977 2037
干支	戊辰	戊寅	戊子	戊戌	戊申	戊午
公元年份	1928 1988	1938 1998	1948 2008	1958 2018	1968 2028	1978 2038
干支	己巳	己卯	己丑	己亥	己酉	己未
公元年份	1929 1989	1939 1999	1949 2009	1959 2019	1969 2029	1979 2039
干支	庚午	庚辰	庚寅	庚子	庚戌	庚申
公元年份	1930 1990	1940 2000	1950 2010	1960 2020	1970 2030	1980 2040
干支	辛未	辛巳	辛卯	辛丑	辛亥	辛酉
公元年份	1931 1991	1941 2001	1951 2011	1961 2021	1971 2031	1981 2041
干支	壬申	壬午	壬辰	壬寅	壬子	壬戌
公元年份	1932 1992	1942 2002	1952 2012	1962 2022	1972 2032	1982 2042
干支	癸酉	癸未	癸巳	癸卯	癸丑	癸亥
公元年份	1933 1993	1943 2003	1953 2013	1963 2023	1973 2033	1983 2043

表 4-1 紀年干支速查表

太極命理

紀年，一年一柱干支，六十年一循環，按天體三百六十度的運動規律，運管十二世，一世管三十年。因為時空不一，所以相同年干支出生的人，命運是不同的。

紀月，一月一柱干支，一年按十二節氣定月，建十二柱干支，五年一循環。

紀日，一日一柱干支，六十日一循環。

紀時，一時一柱干支。一月按十二支時運律。定十二柱干支。五日一循環。紀時干支，每月從子時起到亥時止。

二、六十甲子掌訣圖

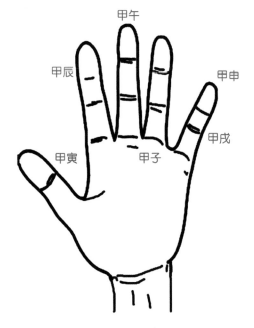

圖 4-1 六十甲子掌訣圖

由甲子逆數，隔一落宮，依次為六甲旬首：甲子、甲戌、甲申、甲午、甲辰、甲寅。由六甲旬首開始順數即是該旬中十個干支，如甲子、乙丑、丙寅、丁卯、戊辰、己巳、庚午、辛未、壬申、癸酉。

三、六十甲子特點

干支相同	甲寅、乙卯、丙午、丁巳、戊辰、戊戌、乙丑、己未、庚申、辛酉、壬子、癸亥
干剋支 （蓋頭）	甲戌、甲辰、乙丑、乙未、丙申、丙酉、戊子、己亥、庚寅、辛卯、壬午、癸巳
支剋干 （截腳）	甲申、乙酉、丙子、丁亥、戊寅、己卯、庚午、辛巳、壬戌，癸未、癸丑
天生支	甲午、乙巳、丙戌、丙辰、丁丑、丁未、戊申、己酉、庚子、辛亥、壬寅、癸卯
支生天	甲子、乙亥、丙寅、丁卯、戊午、己未、庚辰、庚戌、辛未、辛丑、壬申、癸酉

表 4-2 干支關係表

第五章

命局

第一節　命局定局

人生命局包括運柱、世柱、年柱、月柱、日柱、時柱，稱為「六柱」。命局六柱五行制約着人的悲歡離合、吉凶禍福、富貴貧窮等人生際遇。

一、運世表

午會　一百九十二運　干支乙亥			
世序號	世干支	始年（公元）	始干支
2293	丙子	1744 年	甲子
2294	丁丑	1774 年	甲午
2295	戊寅	1804 年	甲子
2296	己卯	1834 年	甲午
2297	庚辰	1864 年	甲子
2298	辛巳	1894 年	甲午
2299	壬午	1924 年	甲子
2300	癸未	1954 年	甲午
2301	甲申	1984 年	甲子
2302	乙酉	2014 年	甲午
2303	丙戌	2044 年	甲子
2304	丁亥	2074 年	甲午

表 5-1 運世萬年曆

二、宮位定局表

六柱	運柱	世柱	年柱	月柱	日柱	時柱
宮位	祖宮	父母宮	兄弟宮 （命元）	夫妻宮 （運元）	子女宮	孫宮
運限	1-15 歲	16-30 歲	31-45 歲	46-60 歲	61-75 歲	76-90 歲

表 5-2 宮位定局表

三、地球公轉與自轉的干支體現

1、運柱干支體現了地球公轉的大周期律，一運管三百六十年。

2、世柱干支體現了地球在一運中不同時序的狀態，一運管十二世，一世三十年。

3、年柱干支體現了地球公轉的周期律，一年管三百六十天。

4、月柱干支體現了地球公轉在一年四季中不同時序的狀態，一年管十二月，一月三十天。

5、日柱干支體現了地球自轉的周期律，一月管三百六十時辰。

6、時柱干支體現了地球自轉在晝夜中不同時點上的狀態，一日管十二時辰。

四、六柱是四維空間

1、運柱、年柱與日柱是空間狀態。

2、世柱、月柱與時柱是時間狀態。

五、祖宮與父母宮

1、祖宮：運柱，因果、宗教信仰。列祖列宗功蔭。

2、父母宮：世柱，遺傳基因、法律、制度。父母的為人處世。

六、命元與運元

1、命元：年柱，其中年干代表命主，年支代表太歲。

2、運元：月柱，人生大運由月柱開始。

七、命局

1、祖宮與父母宮是生命的宏觀元素，主要體現為生命之前的因果業力、遺傳基因。在人間體現為信仰、法律等。

2、兄弟宮與夫妻宮、子女宮、孫宮體現的是生命的微觀元素，是生命在人間的人生際遇，如吉凶悔吝等。

半桶水註：

1、據傳說宋朝有位徐子平是生日干為命元的改革者，然而以日干為命元檢測社會實際情況多不符合，尤以陰陽不分為甚，偏財為父，如無偏財，正財也為父，純混淆視聽而已，讓學者莫衷一是，陷入迷途。半桶水認為，還是要以周朝的年干為命元，觀察才更準確。

2、從古到今的算命術，都是推算命主個人的運氣。百姓論發財與病患，官員論升官與災害，青年論婚姻與前途，小孩論讀書和防病，老年論壽歲與晚境。當然，這是推命的基本事項，但是，這些運氣，哪一種都不能孤立存在。比如青年男女發生性行為，孕生兒女，容易成為事實。但是兒女的素質起源於列祖列宗的遺傳基因，也由其因果所左右，有優也有劣，這是無可否認的。兒女的成長、讀書都離不開家庭、社會與國家，所以任何個人的運氣與家庭、社會和國家都是緊密聯繫在一起的。半桶水認為，中華民族歷來就是有這樣的整體觀念，將國家利益與個人利益融為一體。推算人生多元狀態評判吉凶，或許也應有這種整體觀念。

太極命理

任何人的生命遺傳基因，都不會是全優或全劣，而是優與劣混合，既相互影響，又相互轉化。研究與命主有直接影響家庭人口與社會人口，就如同給命主的多種運氣提供了確切的檔案資料，使得對於運氣的論證，才有機會產生「得來全不費功夫」的準確性。「知道他的過去，就知道他的現在，知道了他的過去和現在，就知道了他的未來。」過去、現在、未來，人的主觀世界和客觀世界，雖然存在着豐富多彩的可變性，但是萬變不離其宗。命主因果業力、遺傳基因、上代人口的基本情況，就是理性的「宗」，對命主人生命運的變化，其影響是巨大的。算命的過程就是一個這樣由已知推未知的過程。

第二節　論六柱

一、十二月建節氣歌

> 正月立春寅虎欣，二月驚蟄卯兔迎，
> 三月清明辰龍會，四月立夏巳蛇騰，
> 五月芒種午馬躍，六月小暑未羊親，
> 七月立秋申猴笑，八月白露酉雞鳴，
> 九月寒露戌狗吠，十月立冬亥豬行，
> 冬月大雪子鼠叫，臘月小寒丑牛吟。

二、論運柱

　　邵康節先生著《皇極經世》，以元、會、運、世來描述宇宙時空狀態。一元等於十二會、一會等於三十運、一運等於十二世、一世等於三十年。目前是午會一百九十二運，運柱為乙亥。

三、論世柱（見第 48 頁表 5-1 運世萬年曆）

四、論年柱

1、生年干支，查萬年曆，有公元年和農曆年對照，翻到命主的生年，寫在紙上就行。

2、易學應用所取之年，是從立春交節日時算起，不是從公曆的元旦算起，也不是從農曆的春節算起。

3、年柱是人的命元，年干不分陰干陽干，統代其年所生的男女。從年干看其他干，是陽干者為男性，是陰干者為女性。

五、論月柱

1、一節統一月

地球上的人類、動物、植物的生長消亡，無一例外都要受到天體永恆的每年二十四節氣的引導和制約。一月兩個節氣，前半月為節氣，後半月為中氣。如正月立春、雨水，立春是節氣，雨水是中氣，命學只用十二個節氣，不用中氣，每個節氣統管一個月。從當月節氣交節日時起，到下個月節氣交節日時的前一時止，有些月三十天多幾個時辰，有些月三十天少幾個時辰，此種時差是夏曆節氣的規律，不考慮依照月亮朔日起的陰曆月大月小。

師曰：

一個節管三十天，月支主氣功獨特。
只看節從哪時起，不管月亮白與黑。

2、十二月主氣表

正月	二月	三月	四月	五月	六月	七月	八月	九月	十月	十一月	十二月
寅	卯	辰	巳	午	未	申	酉	戌	亥	子	丑
甲	乙	戊	丙	丁	己	庚	辛	戊	壬	癸	己

表5-3月支主氣表

3、五虎遁訣

月天干五年一循環，月地支年年固定不變，每年遁出了正月寅的干支，順數所取月的干支。

五虎遁訣

甲己之年丙作首，乙庚之歲戊為頭，

丙辛歲首尋庚起，丁壬壬位順行流，

若問戊癸何方發，甲寅之上好追求。

命局月干支，不是生於陰曆的哪月就以哪月為準，而要看生日生時值在哪個節氣，才能確定是哪個節氣的干支。十二節氣，五年一循環。在五年之內，每年逐月地支固定不變，每年逐月的天干不相同，也就牽涉到人的命運不相同，這種不相同就是社會生活日新月異的變動。

十二節氣的交接日時，一年與一年不相同，一月與一月不相同，這表明天體運動、地球運動、人類的活動相互之間存在着差異，每個節氣的交接日時，從陰曆來看，上中下旬都有，必須以萬年曆上註明的天文台推定的交接日時為準。

六、論日柱

　　人的生日干支，翻開萬年曆的公曆日、農曆日即註有。如 2000 年 7 月 1 日，農曆庚辰年五月三十日出生的人，日干支是庚申。

七、論時柱

五鼠遁訣

甲己還加甲，乙庚丙作初，

丙辛從戊起，丁壬庚子居，

戊癸何方發，壬子是真途。

　　人生時干支要按出生地的真太陽計算。但人的出生時間往往記錄有誤差，甚至錯誤，其原因如下：

　　1、一般人忽略記分鐘，容易出現差錯。

　　2、有多種主客觀原因容易導致人們不知「嬰兒一聲哭，一生命開始」的常識，不知嬰兒第一聲哭叫才是出生的時辰。

　　3、北京時間與各地方真太陽時有差異，所以計算人生命運，核準出生時辰是一件很重要的工作。

　　師曰：

子時整體日元起，不用早晚去分析。

各地日照不一致，經緯度數定時差。

半桶水註：

1、坊間有子時要分夜子時、早子時之說，半桶水認為，這有機會是書上易士之說，或許沒有準確性。子時是一日之始，是一個不可分割的整體。計算時辰，不必分早子時或夜子時，均應以當日干支為日柱，當天日干推時辰。

2、國外出生者，以當地時間排盤論命，不需要換算成中國時間。

3、懷疑時辰有誤差，校準生時最精準的方法是相關天干所代六親循時地支數量，請求算人印證是否與實際情況符合。

4、半桶水介紹兩種民間定時辰法給大家，以供參考確定時辰。

（1）男左女右，伸開手掌，以小指指尖和無名指第三線（三關）作比較。

子午卯酉平三關

寅申巳亥過三關

辰戌丑未短三關

（2）定時辰

時辰	臉型	睡姿	髮旋
子午卯酉	圓臉型	面朝天	單頂偏左
寅申巳亥	長方臉	側身眠	單頂偏右
辰戌丑未	上寬下窄下巴尖	俯身或常翻身鼾聲大	雙頂或單頂在中間

表 5-4 定時辰表

第六章

大運和流年

第一節　大運起法

> 生月干支五歲定，生年毋須陰陽分。
>
> 男性一律都順數，女性統一都逆行。
>
> 每柱干支加五歲，直到百歲笑辭塵。
>
> 觀看大運凶與吉，干支化合要先評。

以下以江先生為例子解說：

他生於 1963 年 5 月 23 日寅時，命局如下：

干造　乙亥　癸未　癸卯　丁巳　丙寅　庚寅

大運排列如下：

0-5 歲 丁巳	6-10 歲 戊午	11-15 歲 己未	16-20 歲 庚申	21-25 歲 辛酉
26-30 歲 壬戌	31-35 歲 癸亥	36-40 歲 甲子	41-45 歲 乙丑	46-50 歲 丙寅
51-55 歲 丁卯	56-60 歲 戊辰	61-65 歲 己巳	66-70 歲 庚午	71-75 歲 辛未

表 6-1 江先生大運排法表

半桶水註：

1、五歲一大運，自古有之。半桶水認為，「十年一大運，五年一小運」、「天干管五年，地支管五年」等等純是誤人之語，正確的是「五年一大運，一歲一流年。」

2、以月柱為準，按男順排，女逆排而排出的大運反映人出生後的人生運氣。參天地之數起於陰陽，乾為天、坤為地，天地兩氣，陽順陰逆，是自然法則，何須再設陰中有陽、陽中有陰的運程排法呢？以上排法，乃半桶水經二十幾年論命實踐所得。

太極命理

第二節　流年、流月、流日、流時

干支起法：查萬年曆

1、江先生流年排法如下：

1963 癸卯	1964 甲辰	1965 乙巳	1966 丙午	1967 丁未	1968 戊申	1969 己酉	1970 庚戌	1971 辛亥	1972 壬子	1973 癸丑	1974 甲寅
1975 乙卯	1976 丙辰	1977 丁巳	1978 戊午	1979 己未	1980 庚申	1981 辛酉	1982 壬戌	1983 癸亥	1984 甲子	1985 乙丑	1986 丙寅
1987 丁卯	1988 戊辰	1989 己巳	1990 庚午	1991 辛未	1992 壬申	1993 癸酉	1994 甲戌	1995 乙亥	1996 丙子	1997 丁丑	1998 戊寅
1999 己卯	2000 庚辰	2001 辛巳	2002 壬午	2003 癸未	2004 甲申	2005 乙酉	2006 丙戌	2007 丁亥	2008 戊子	2009 己丑	2010 庚寅
2011 辛卯	2012 壬辰	2013 癸巳	2014 甲午	2015 乙未	2016 丙申	2017 丁酉	2018 戊戌	2019 己亥	2020 庚子	2021 辛丑	2022 壬寅

表 6-2 江先生流年排法表

2、江先生 1964 年流月排法如下：

月份	正月	二月	三月	四月	五月	六月	七月	八月	九月	十月	冬月	臘月
干支	丙寅	丁卯	戊辰	己巳	庚午	辛未	壬申	癸酉	甲戌	乙亥	丙子	丁丑

表 6-3 江先生流月排法表

3、流日順排。如江先生丙寅日生,流日依次為丁卯、戊辰、己巳……

4、江先生丁卯日流時排法如下:

時	子	丑	寅	卯	辰	巳	午	未	申	酉	戌	亥
干支	庚子	辛丑	壬寅	癸卯	甲辰	乙巳	丙午	丁未	戊申	己酉	庚戌	辛亥

表 6-4 江先生流時排法表

太極命理

第七章

五神與五格

第一節　五神

一、五神概念

　　以年干定五神，年干為我、為主、為己身，以其他干為客體，稱為「者」。我與者的關係，不外乎生剋而已。印星、比星、傷星、財星、官星稱為「五神」。

　　　　・生我者為印星：如甲木年干見壬水、癸水。

　　　　・同我者為比星：如甲木年干見甲木、乙木。

　　　　・我生者為傷星：如甲木年干見丙火、丁火。

　　　　・我剋者為財星：如甲木年干見戊土、己土。

　　　　・剋我者為官星：如甲木年干見庚金、辛金。

二、五神生剋

　　　　・相生：印生比、比生傷、傷生財、財生官、官生印。

　　　　・相剋：印剋傷、傷剋官、官剋比、比剋財、財剋印。

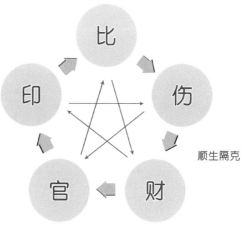

圖 7-1 五神生剋圖

三、五神內涵

1、代天體五星：木星在東空，執掌正月二月節氣。火星在南空，執掌四月五月節氣。土星在中央，衛星在四隅，執掌三、六、九、臘月節氣。金星在西空，執掌七月八月節氣，水星在北空，執掌十月冬月。

2、代地球的木、火、土、金、水五類性質相似的所有物質。

3、代社會的五種矛盾狀態：

印星——領導與下屬

比星——團結與分裂

傷星——創造與耗費

財星——發財與貧困

官星——官員與平民

4、代人體的肝與膽、心與小腸、脾與胃、肺與大腸、腎與膀胱、五臟和五腑。

5、代青、紅、黃、白、黑五色，酸、甜、苦、辣、鹹五味。

6、代五代人口，以年干人為中心，放眼看運、世、月、日、時、六柱露干，支藏干乃至大運流年露干，通過論相生相剋相同，辨別直系、旁系人口及人際關係。

四、六親人口

對人生影響最大之六親：父、母、兄、弟、夫／妻、子。

1、除年干代表命主外，凡陽干代表男性，凡陰干代表女性。

2、男女皆以生我之印星代表父母。陽干為父，陰干為母。

3、夫：剋我之官星為夫。

4、妻：我剋之財星為妻。

5、兄弟姐妹：男女命皆以同我之比星為兄弟姐妹。陽干為兄弟，陰干為姐妹。

6、子女：男女命皆以我之傷星為子女。陽干為子，陰干為女。

五、六親宮位

1、運柱為祖宮：祖父、祖母。

2、世柱為父母宮：父親、母親。

3、年柱為兄弟宮：兄弟、姐妹。

4、月柱為夫妻宮：夫、妻。

5、日柱為子女宮：兒子、女兒。

6、時柱為孫宮：孫子、孫女。

師曰：

> 陽干陰干男女定，印星父母姑姨分，
> 傷星兒女侄甥辯，比星兄弟姐妹稱，
> 官星丈夫闖世界，財星妻子待家人，
> 直至親人忌與喜，命主人生衰與榮，
> 算命熟知干人口，出語不凡眾人尊。

六、名財權

1、財星、比星主財富；

2、印星、傷星主榮譽（名氣）；

3、官星主權力。

第二節　五格

一、五格

1、月支主氣生年干，名身相印旺。如甲辰年生於丙子月。

2、月支主氣同年干，名身旺比旺。如甲辰年生於丙寅月。

3、年干生月支主氣，名身休傷旺。如甲辰年生於己巳、庚午月。

4、年干剋月支主氣，名身弱財旺。如甲辰年生於戊辰月。

5、月支主氣剋年干，名身死官旺。如甲辰年生於壬申月。

二、五格表

月建 ＼ 十年干	寅正月 卯二月	巳四月 午五月	辰三月 未六月 戌九月 丑臘月	申七月 酉八月	亥十月 子冬月
甲乙木	比旺格	傷旺格	財旺格	官旺格	印旺格
丙丁火	印旺格	比旺格	傷旺格	財旺格	官旺格
戊己土	官旺格	印旺格	比旺格	傷旺格	財旺格
庚辛金	財旺格	官旺格	印旺格	比旺格	傷旺格
壬癸水	傷旺格	財旺格	官旺格	印旺格	比旺格

表 7-1 五格表

舉例說明：

1、印旺格：陽支月，父親旺；陰支月，母親旺。

2、比旺格：陽支月，兄弟旺；陰支月，姐妹旺。

3、傷旺格：陽支月，兒子旺；陰支月，女兒旺。

4、財旺格：陽支月，孫子旺；陰支月，孫女旺。男命，陽支月，舅子旺；陰支月，妻子旺。

5、官旺格：陽支月，祖父旺，陰支月，祖母旺。女命，陽支月，丈夫旺；陰支月，小姑旺。

三、兩態

命主之印旺、比旺稱「旺態」；命主之死、休、囚稱「弱態」。

1、命主旺、弱兩態既是指身體，又是指社會綜合狀態，包括兄弟姐妹多少（多為旺，少為弱）及政治地位、經濟實力、人緣關係。

2、比旺格、印旺格，統稱「身旺」，行運喜傷星、財星、官星，忌印星、比星；官旺格、財旺格、傷旺格，統稱「身弱」，行運喜印星、比星，忌傷星、財星、官星。此喜星忌星包括化合干、不化合干及支藏干。

3、干有印星，身旺忌官星，官星為鬼。身弱喜官星，官星為官，故官星又稱「官鬼」。

第八章

運星與流星

命學家認為，人一生的興衰榮辱、生老病死的大吉大凶，是由天地人三元素的十干長生運星和十二支流星共管。一內一外，運行的軌跡雖不同，但反映的資訊表裏是一致的。十干運星、人生命局六柱露干和藏干，甚至大小運的露干和藏干，都可以從各自的定位宮起長生第一星，然後按陽干順行、陰干逆行的法則，推算命干人及其有關親人在某一大小運逢到哪個位星。

　　十二長生運星名稱：長生、沐浴、冠帶、臨官、帝旺、衰、病、死、墓、絕、胎、養。

第一節　運星

一、十干起長生歌

甲亥乙午丙戊寅，丁己尋酉庚巳親，

辛子壬申癸見卯，此是十干長生星。

　　甲干從亥宮起長生，乙干從午宮起長生，丙戊干從寅宮起長生，丁己干從酉宮起長生，辛干從子宮起長生，壬干從申宮起長生，癸干從卯宮起長生。甲丙戊庚壬陽干順行，乙丁己辛癸陰干逆行。

太極命理

二、十干十二運星表

十二運星	甲	乙	丙	丁	戊	己	庚	辛	壬	癸
長生	亥	午	寅	酉	寅	酉	巳	子	申	卯
沐浴	子	巳	卯	申	卯	申	午	亥	酉	寅
冠帶	丑	辰	辰	未	辰	未	未	戌	戌	丑
臨官	寅	卯	巳	午	巳	午	申	酉	亥	子
帝旺	卯	寅	午	巳	午	巳	酉	申	子	亥
衰	辰	丑	未	辰	未	辰	戌	未	丑	戌
病	巳	子	申	卯	申	卯	亥	午	寅	酉
死	午	亥	酉	寅	酉	寅	子	巳	卯	申
墓	未	戌	戌	丑	戌	丑	丑	辰	辰	未
絕	申	酉	亥	子	亥	子	寅	卯	巳	午
胎	酉	申	子	亥	子	亥	卯	寅	午	巳
養	戌	未	丑	戌	丑	戌	辰	丑	未	辰

表 8-1 十二運星表

三、十干長生運星歌

長生精力多充沛，人生創業顯奇能。

沐浴洗污護肌體，若逢淫煞心德坫。

冠帶整裝朝前走，青中銳氣散妖氛。

臨官名利多顯達，大怕災害與亡神。

帝旺威名傳遠近，若會凶星有災臨。

衰運謀慮要謹慎，少年患病有憂驚。

病運生命遭磨折，良醫診斷不明因。

死運六親有人亡，若犯錯誤損前程。

墓運陰風四處發，災病纏綿夜夢驚。

絕運如同無路走，若會凶星可死人。

胎運老少平安走，青中要防落陷坑。

養運雄心難跳躍，最好不介是非爭。

1、長生運

長生象徵人出生，衝出幽谷見光明。

智慧才能多敏銳，敢於開拓創青春。

2、沐浴運

沐浴色情臨暴光，陽干陰干不一樣。

陽干多數有後患，陰干一般無大傷。

3、冠帶運

冠帶處境多艱難，就看是否敢向前。

智勇雙全財官發，膽小無能守窮山。

4、臨官運

　　　　臨官有志又有能，喜星忌星有區分。
　　　　喜星光照人歡笑，忌星光照隱悲聲。

5、帝旺運

　　　　帝旺就像皇帝旺，青少失誤有憂傷。
　　　　凶流刑沖破通忌，唯有化合利真祥。

6、衰運

　　　　衰運只宜老人逢，青中運見如妖風。
　　　　少年大運五年險，父母粗心定有凶。

7、病運

　　　　病分思想身體病，兩種都要損害人。
　　　　心態平衡幹正事，深山亦有笑語聲。

8、死運

　　　　死運多屬有人亡，亦有違法致刑傷。
　　　　運支若見解神助，汲取教訓轉吉祥。

9、墓運

　　　　墓運自來不吉祥，老年碰見恐失康。
　　　　青中只喜冠帶並，有勇有謀走他鄉。

10、絕運

　　　　絕運如同路不通，不要着急巧圖謀。
　　　　支中生干有關照，雨過天青花更紅。

11、胎運

胎運只宜新夫妻，孕生兒女笑嘻嘻。

中年胎運犯錯誤，緣由貪污嫖小妮。

12、養運

養運百事莫張揚，太過歡喜亦有傷。

環境惡劣要習慣，樂觀慨爽壽增長。

四、六十干支十二運星表

序號	十二運星	代表人兒女數	六十干支					
1	長生	7	丙寅	壬申	戊寅	丁酉	癸卯	己酉
2	沐浴	2	甲子	庚午	乙己	辛亥	/	/
3	冠帶	3	戊辰	丁未	癸丑	丙辰	己未	壬戌
4	臨官	4	甲寅	乙卯	庚申	辛酉	/	/
5	帝旺	5	己巳	丙午	壬子	丁己	戊午	癸亥
6	衰	2	乙丑	辛未	甲辰	庚戌	/	/
7	病	1	丁卯	癸酉	己卯	丙申	壬寅	戊申
8	死	1	乙亥	辛巳	甲午	庚子	/	/
9	墓	1	丁丑	癸未	丙戌	己丑	壬辰	戊戌
10	絕	1	甲申	乙酉	庚寅	辛卯	/	/

序號	十二運星	代表人兒女數	六十干支					
11	胎	2	丙子	壬午	丁亥	戊子	癸巳	己亥
12	養	3	甲戌	庚辰	乙未	辛丑	/	/

表 8-2 六十干支十二運星表

從上表可知，十二運星的單數（長生、冠帶、帝旺、病、墓、胎），都有六柱干支，十二運星的雙數（沐浴、臨官、衰、死、絕、養），都有四柱干支。

五、十干兒女歌

長生七個喜非常，沐浴一雙兆吉祥。

冠帶三個臨官四，帝旺五子老昂揚。

衰中二子病中一，死中到老無兒郎。

逢墓雙子損一個，絕時一子細端詳。

逢胎一子先生女，養中三子留一雙。

半桶水註：

1、這是一首古歌，原稱《長生子星歌》。經半桶水實踐檢驗，「子星」包括兒和女，故改為《十干兒女歌》。

2、半桶水對此歌的應用法：無論男女命，都以陽干傷星代兒子，陰干傷星代女兒，各起長生或順、或逆推數，看生時支值哪一星，即以該星評判兒女數目。六柱干的兒女星「取前不取後，取上不取下。」

3、生時支或兒女星干的坐支犯了刑、沖、破、害中的一種，或犯了空亡煞，兒女會有夭折損失。

4、第六句「死中到老無兒郎」，有星家解釋，只有一個兒，但這個兒

要死在自己入老之年，半桶水實踐檢驗，生時逢兒干死運的夫妻只生女不生兒。

5、看老年人口的年干人的兄弟姐妹多少個，就從生年干起長生星，看六柱哪一柱是最多數，就以該柱論兄弟姐妹數目，但如果最多數犯了刑、沖、破、害之一，要減少半數。如長生七個，只論四個；帝旺五個，只論三個等。

六、民間流傳大凶運星歌

老怕長生少怕衰，中年怕走死絕胎。

1、老年人：七十六歲或以上男女，不論身值旺態、弱態，年命干及忌星干都忌諱在大運上出現長生運。忌星逢長生，魔鬼進家門。

2、少年人：十五歲或以下男女，不論身值旺態、弱態，年命干及喜星干，都忌諱在大運上出現衰運。衰運臨少年，傷病有險關。

3、中年人：十六歲或以上、七十五歲或以下男女，年命干及喜星干，都忌諱在大運至小運上逢到死運、絕運、胎運。死運死親人，悲苦噩夢驚，絕胎兩運犯，災難禍連連。

第二節　十二支流星

一、十二支流星名

1、太歲星　　2、太陽星　　3、喪門星

4、太陰星　　5、鬼符星　　6、月德星

7、大耗星　　8、紫微星　　9、白虎星

10、天德星　11、天狗星　　12、六害星

二、十二支流星及其各種稱謂

　　1、太歲星（伏屍星、劍鋒星）

　　2、太陽星（青龍星）

　　3、喪門星（地喪星）

　　4、太陰星（六合星、勾絞星、貫索星）

　　5、鬼符星（五鬼星、官符星、牢獄星）

　　6、月德星（小耗星、死符星、再婚星）

　　7、大耗星（歲破星、再嫁星）

　　8、紫微星（龍德星、朱雀星）

　　9、白虎星（飛廉星）

　　10、天德星（貴神星、福德星、捲舌星）

　　11、天狗星（吊客星）

　　12、六害星（病符星）

三、十二支流星五行

　　　　十二流星配五行，學者必須要熟記。

　　　　太陽太陰同屬木，太歲喪貴土鬼符。

　　　　紫微大耗同為火，金性天狗與白虎。

　　　　月德六害都是水，諸神五行有歸屬。

四、十天干大凶流星歌

　　　　甲乙戊己怕天狗，丙丁大耗死神遊。

　　　　庚辛五鬼災禍重，壬癸白虎勒封喉。

五、十二支流星歌

1、太歲星

太歲多半是禍事，亦指老年病辭塵。

青年若見長生並，生兒育女散愁雲。

2、太陽星

太陽多屬男吉星，亦有火症病深沉。

太陽笑看青中女，色亂患病心不寧。

3、喪門星

喪門自是兆死人，亦有生育有虛驚。

喪門若是逢冠馬，走到他鄉笑吟吟。

半桶水註：

1、有虛驚：是指嬰兒出生的時辰，恰逢年月日支之一的喪門星，多是出生啞聲，有的加臍帶纏頸，也包括難產剖腹抱生。這些情況，嬰兒和母親都屬於先凶後吉。

2、冠馬：冠是指吉干冠帶星。馬是指未逢死運的驛馬星。

4、太陰星

太陰多屬女吉星，若並勾絞論病沉。

太陰斜眼看動靜，男士失財緣好淫。

5、鬼符星（庚辛露干人大凶星）

五鬼素來伴官符，禍病似兕虎咬豬。

唯有解神能緩解，細看命運有與無。

6、月德星

> 月德涵數有再婚，萬里山河氣象新。
> 失愛男女勇進取，良緣一刻值千金。

7、大耗星（丙丁露干人大凶星）

> 大耗再嫁損親人，首當其衝是父親。
> 夫妻恩愛亦反目，良緣變成災難星。

8、紫微星

> 紫微男女相見親，感情要戒入迷津。
> 若見勾絞桃花笑，歡喜過後怨恨生。

9、白虎星（壬癸露干人大凶星）

> 白虎害人藏陰險，損害才智意纏綿。
> 水人遇見肝腎弱，恐怕難過病危關。

10、天德星

> 天德大喜鬧喧喧，是非善惡理百端。
> 最怕凶星緊纏住，喜事終歸人馬翻。

11、天狗星（甲乙戊己露干人大凶星）

> 天狗吸血最兇殘，皇帝遇見也悲觀。
> 木土人逢有死訊，就看有無解神緣。

12、六害星

> 六害最怕老年逢，輕病加重藥無功。
> 青中遇見多平靜，大雨過後有晴空。

六、十二支流星斷訣

1、太歲星

太歲運年多憂愁，口舌臨門不自由。

疾病纏身小人侵，婚姻錢財莫強求。

運犯太歲難行舟，勸君持重莫遠遊。

解釋：太歲押運不是福就是禍，是福無限美，是禍多憂愁。太歲押運起禍端，傷財惹氣心不甘。驚天動地禍來臨，現是現非把人纏。他人閒事莫得管，防備自己得安然。

太歲為中性星，遇吉則吉，遇凶則凶。六柱、大運、流年無論見吉星還是見凶星，只要太歲落在地支上即以凶論。

2、太陽星

太陽入命大吉祥，創業謀事有人幫。

添人進口生貴子，家中喜事一椿椿。

官運亨通財運好，即使有禍不為殃。

解釋：太陽是喜神，大喜有幾重。荷花生貴子，門前應掛紅。

3、喪門星

喪門運年心不安，求財望喜多枉然。

不是傷人就損財，憂思重重整一年。

沒有內孝有外孝，犯着喪門淚漣漣。

解釋：喪門是哭神，落淚有幾行。喪門是小凶星。

4、太陰星

太陰入命大吉昌，萬事順遂人丁旺。

多得親友來扶助，縱有逆風不起浪。

求財牟利皆如意，添喜進財時運強。

解釋：太陰為吉星。太陰是六合，必定喜事逢。有妻生貴子，無妻娶嬌娥。

5、鬼符星

鬼符入命令人愁，是非口舌無止休。

平地也會起風波，憂思如麻不斷頭。

財帛易散物易損，犯了鬼符不自由。

解釋：鬼符為大凶星。

6、月德星

月德之年多煩惱，是非口舌免不了。

官非易起氣易惹，金銀錢財有損耗。

東奔西跑無定處，辦事不遂多阻撓。

解釋：月德為小凶星。時運逢月德，做事多顛倒。金銀多耗散，家財招鬼盜。

7、大耗星

歲逢大耗禍非輕，官司盜騙極易生。

不是破財遭凶事，就是體弱身多病。

若遇刑沖連一起，凶喪孝服災更重。

解釋：大耗為大凶星。大耗定不祥，父母有損傷。今年財要損，朋友來反目。背後有人傷，落井會下石。

8、紫微星

紫微入命口舌生，招引禍害亦不輕。

求名求財皆不利，風波擾得心不寧。

若得吉星當頭照，逢凶化吉保太平。

解釋：紫微為大吉星。紫微押運凶，口舌是非多。內外來磨磋，小人當前橫。事事犯囉嗦，有理無人理。有冤無處訴，還要背黑鍋。

9、白虎星

白虎入命最兇險，血光傷災度難關。

更有內外孝服事，天災橫禍需防範。

白虎之年心不安，一年四季不消閒。

解釋：白虎為大凶星。白虎當頭坐，無災也有禍。鐵羅漢落井，有力難施展。白虎下山來，遭災凶運來。

10、天德星

天德入命福壽長，財運暢通身安康。

善與人交受人敬，高官厚祿名遠揚。

凡事都有貴人助，運逢貴神心歡暢。

解釋：天德為大吉星。天德押運事吉祥，財源廣進喜又和。 春不見喜秋也見，財喜雙全不用說。男遇貴神天賜祥，女見貴神喜事多。

11、天狗星

天狗流年必有凶，需防親人不太平。

沒有內孝有外孝，晦氣定有幾多重。

歲逢天狗心不安，舊愁去了新愁添。

太極命理

解釋：天狗為大凶星。天狗押運事有凶，即有是非鬧災行。 男犯天狗主不順，女犯天狗有災星。

12、六害星

> 六害入命厄重重，疾病纏身家不寧。
> 辦事處處心不順，朝朝暮暮愁雲生。
> 憑你是個硬身漢，也得脫掉皮幾層。

解釋：六害為小凶星。六害押運很難強，事要三思免禍殃。病魔纏身把人擾，三災八難躲不掉。

七、十二支流星記憶歌

> 太歲太陽喪門位，太陰鬼符月德推。
> 大耗紫微逢白虎，天德天狗病符會。

第九章

吉神和凶煞

第一節　吉星

一、天乙星

甲丑乙子丙亥親，丁酉戊申己未迎。

庚午辛巳壬卯會，癸寅十位天乙星。

戌羅辰網無天乙，雜氣彙聚涼浸浸。

天乙未犯刑沖破，諸事成功最喜人。

天乙暗逢比明好，事情辦好才出聲。

半桶水註：

1、古星家寫的「甲戊見牛羊」等四句《天乙貴人歌》，與社會人的實際多對不上號，也未見有顯著的作用。甲見丑、乙見子、丙見亥、丁見酉、戊見申、己見未、庚見午、辛見巳、壬見卯、癸見寅，是年命干人交往的知音型男女的生年支或生月支。

2、明天乙星：六柱支，大運支出現了上述的干和支，最忌其干支犯空亡煞，又忌諱與別的支犯刑、沖、害律。

3、暗天乙星：自己出生的年月干天乙星之一，恰與別人的出生年月支對號，兩人因有事情圖謀又恰好相逢，這一般是有求必應，一做工作便獲得成功，這種天乙星，不忌諱刑、沖、害律，但是所說的天乙星支，在對方出生的五行上，如果犯了空亡，仍屬於謀事難以成功。

二、驛馬星

寅午戌見申猴笑，亥卯未見巳蛇騰。

申子辰見寅虎動，巳酉丑見亥豬行。

不怕運壞流星惡，只要不逢死運星。

儘管離家走新路，求財事事多順心。

半桶水註：

1、驛馬星在現時是指飛機、輪船、火車、公共汽車等現代交通工具。

2、本書凡提到「寅午戌」等四時局，都是指人的生年支、生月支、生時支逢到其中一支，並不是說在命局五行程式上三支都要見到，具體看法是：人的生年、生月、生時是申子辰之一見了寅，是亥卯未之一見了巳，是寅午戌之一見了申，是巳酉丑之一見了亥。其中寅與申互見，巳與亥互見，如兩位陌生的武士，見面就打起來，不過很快從武功中明白，原來是久已慕名者。這就是逢沖得化解，干戈化玉帛。

3、寅、申、巳、亥各藏四干以主氣論，年干所喜者吉，年干所忌者凶。

4、坊間部分論驛馬星，或許錯誤地因人而異論吉凶，男命是鎮守邊疆的將軍，說驛馬星吉；女命的驛馬星，說成是東奔西走找情夫。半桶水認為，男女的命柱，見驛馬星都是可以發財的。驛馬星天干是哪位六親人口也發財，不是凡見驛馬星都是年干人獨自發財。

5、乙、丁、己、辛、癸五陰干的死運支，是亥、寅、巳、申。人生行運從年支、月支、時支看，若所逢驛馬星恰好與出生年、月、日、時露干，乙、丁、己、辛、癸五陰干的死運星同支，這種驛馬星，古星家稱為「馱屍馬」，連續死亡親人。半桶水實踐得知，驛馬星和死運星應分別論吉凶：

（1）四時局逢驛馬星。進財。

（2）驛馬星逢到死運，亥支、巳支自有解神星，寅支與申支在六柱上見，互為解神星，大多只死亡一人，另一人病重。為使評斷不失誤，大運驛馬星逢死運，評斷死亡一至兩人。流年驛馬星逢死運，評斷有親人重病或死亡。

三、紅鸞三吉星

> 人生七柱若見子，子落卯宮是紅鸞。
>
> 紅鸞逢沖西宮看，天喜閃光開笑顏。
>
> 天喜順次是戌位，解神化解老大難。
>
> 三星若犯刑沖破，喜事轉憂禍相連。
>
> 天星解神星質好，紅鸞熱情戒貪婪。
>
> 一男二女或相反，就有一個抱醋罈。
>
> 古今多少通姦親，都是紅鸞起禍端。

十二支紅鸞三吉星（見表 9-1）起法：從卯宮起子支，逆推，一宮一支。如子支的紅鸞是卯，卯的逢沖宮西就是天喜星，天喜星的順次宮戌就是解神星。

紅鸞星是雙喜緣，是男女雙方一見鍾情，可能很快言談甚歡進入愛情狀態，其中一方產生了性愛的思想，但是這種星最容易形成多情反被無情誤，愛情破裂生怨恨。

紅鸞星運，是一男一女相逢，若談戀愛，容易發展，若雙方都有暗戀對象或其中一方有暗戀對象，是相見恨晚別亦難。若是已婚人士，小心做「第三者」。若是同性，多是騙子。日運值紅鸞星，若見同性來聯繫什麼事，無論來的是一人或兩人，都要警惕受騙。已婚夫婦，若是夫妻宮恰逢紅鸞星，夫妻的思想和行為容易對「第三者」多情。大運逢紅鸞星，要嚴於律己，不要做違犯倫理、損害友好關係的事。

天喜星代表重大的事情能夠成功，添丁添財。天喜星若與天乙星同支，非常好。

解神星是緩解重大災患的損失程度，也包括解決老大難的問題。解神星有化解災害的魄力，人逢到死絕運中的一種，若

恰逢到年、月、日、時支之一的解神星，會轉危為安，但是同一支凶煞多且重，一位解神星也不能全解災。

人生年月支	紅鸞星	天喜星	解神星
子	卯	酉	戌
丑	寅	申	酉
寅	丑	未	申
卯	子	午	未
辰	亥	巳	午
巳	戌	辰	巳
午	酉	卯	辰
未	申	寅	卯
申	未	丑	寅
酉	午	子	丑
戌	巳	亥	子
亥	辰	戌	亥

表 9-1 紅鸞三吉星表

四、天德星

年月地支起太歲，數到十位是福星。

古名捲舌號天德，好像官司終打贏。

福星輿論最熱烈，說好說壞都有人。

喜鵲烏鴉各持見，迎來鑼鼓嗩吶聲。

天德最怕刑沖破，好事成了禍福根。

十二支流星第十位是天德星，男女通用。行運逢到，只要不犯刑、沖、破、空，顯示人生有一件重大的吉事，甚至政治上的喜事出現。但是此星的特點是贊成和反對的輿論都很熱烈。

五、桃花星

寅午戌見卯多情，申子辰見酉最親。

亥卯未見子暗喜，巳酉丑見午思淫。

桃花星古稱「咸池」、「沐浴」、「暴敗」，是十二支的子午卯酉四支，男命逢到最喜貌美女。女命碰到最愛好色男，桃花性愛嫌夜短，縱是死了也心甘。

命理中「沐浴」這個詞，是男女裸體擁抱，陰陽交合的意思。年月日暗運逢，男女關係和諧；年月日明運逢，少吉多凶。特別是「婚外情」，易破壞夫妻關係，引發離婚，以致情殺。

現今社會男女，因為「桃花星」色美麗、性溫柔、有才華、善交際，或認為逢到桃花星是好運。其實，桃花星好淫無度，易患性病，婚姻不穩，帶來晚境不佳，也是普遍現象。

古代的命師說：「子午卯酉齊備」，稱為「遍野桃花閃

嫩紅」；從時支、日月支看，年支是桃花星，稱為「倒插桃花賽牡丹」；從年支上看，月支是桃花星，稱為「園內桃花知己採」；日支是桃花星，稱為「縱慾桃花嫌夜短」；時支是桃花星，稱為「牆外桃花眾手摘」。在社會上通過算命了解，這些不同桃花的特色可能比較符合實際的。

> 遍野桃花閃嫩紅，倒插桃花賽牡丹。
> 園內桃花知己採，縱慾桃花嫌夜短。
> 牆外桃花眾手摘，桃花含情在此岸。
> 不似勾絞只認錢，心狠手辣上墳山。

第二節　凶星

一、亡神煞

> 寅午戌見蛇開口，亥卯未見虎揚頭。
> 申子辰見豬呻吟，巳酉丑見猴暈頭。

十二支的寅申巳亥就是亡神煞，年支、月支、時支順逆看。

> 亡神就是死亡神，人面肚裏藏魔心。
> 軟硬兼施將人害，常與劫資有交情。

二、劫資煞

> 寅午戌見豬無糧，亥卯未見猴驚慌。
> 申子辰見蛇不動，巳酉丑見虎奔忙。

十二支的亥申巳寅是劫資煞，從年支、月支、時支順逆看。

劫資就是掠奪錢，罰騙偷搶幾多般。

莫道富翁百年富，三窮三富有煎熬。

亡神劫資辯證歌

忘神劫資兩種煞，有好有壞兩樣評。

命主喜神是執法，命主忌神是盜行。

亡神心狠毀生命，劫資冷眼笑一聲。

運逢亡劫同一位，搶劫錢財刀殺人。

唯遇解神能減害，未逢解神有大驚。

半桶水註：

1、劫資煞是亡神煞對沖位。

2、亡神煞與劫資煞若見同一支，而未見解神星者，多屬於死亡親人、大破財，牢獄之災這類大凶。如生年是寅、午、戌之一，生月是申、子、辰之一，其命柱、大運見了巳支，就是兩歌訣說的「蛇開口」、「蛇不動」，就是忘神、劫資同犯，如同殺人、搶錢這類惡性案件。

三、勾絞星

寅午戌見酉為殃，亥卯未見午瘋狂。

申子辰見卯心狠，巳酉丑見子臥牀。

桃花星與勾絞星都漂亮、有才華、善交際。兩星不同之處是，桃花星重情愛、性愛，勾絞星重財愛、性愛。桃花星比較善良，勾絞星十分兇狠，桃花星大多身體較好但易犯性病，勾絞星或易有心病或性病。

半桶水註：

1、勾絞星是桃花星的對沖支。

2、桃花星和勾絞星同支，多屬色難、破財、重病這類的凶事，如生年是寅、午、戌支之一，生月是申、子、辰支之一，其命柱、大運柱、流年柱見了卯支，就是兩歌訣說的「卯多情」和「卯心狠」，就是桃花星和勾絞星同犯。

四、華蓋煞

> 八局未支號華蓋，損剋兒孫最悲哀。
>
> 還示運氣多晦暗，百事圖謀總缺財。
>
> 有說華蓋是吉象，實為知識半籮筐。
>
> 華蓋本義是悲苦，胸藏卓技走四方。
>
> 笑傲王侯騎駿馬，半夜三更心亮堂。
>
> 大運流年值華蓋，合局成化亦有殃。

華蓋煞主命苦、命孤，師云：「華蓋重重喜，未逢害與空，心靈見識廣，持術走西東。」

運交華蓋、晦暗，百事不順。

半桶水註：

1、魯迅詩曰：「運交華蓋欲何求，未敢翻身已碰頭。」是指運氣不佳。

2、師曰：「辰戌丑未四時孤，莫想妻來莫想夫，皆因祖墳華蓋重，看似有兒實卻無。」是指年干命人一生難育兒和女，在月、時同犯（辰月辰時、未月未時、戌月戌時、丑月丑時）則無兒。半桶水一一實踐證明。

五、孤寡煞

> 寅卯辰人怕巳丑，巳午未人怕申辰。
>
> 申酉戌人嫌亥未，亥子丑人忌戌寅。
>
> 孤辰切忌男妨婦，寡宿須教女害夫。
>
> 人命若是逢此煞，六親骨肉不同居。

查法：以年支、月支為準（前為孤辰，後為寡宿）。命局其他地支見者是亥子丑人見寅為孤，見戌為寡。寅卯辰人見巳為孤，見丑為寡。己午未人見申為孤，見辰為寡。 申酉戌人見亥為孤，見未為寡。

命犯孤寡，主形孤內露、面無和氣、不利六親，男命妻宮星是妻絕之位而逢孤神，平生難於婚配。女命夫宮星是絕夫之位而遇寡宿，幾嫁不能偕老。師曰：「男孤定為他鄉客，女寡定是異省婦。」

六、孤殘煞

> 子午卯酉見巳，
>
> 寅申巳亥見酉，
>
> 辰戌丑未見丑。

以年支，月支查看其他支，如子年或子月，在其他支見巳，就犯孤殘煞，主傷殘、無育、生殖系統患病等。

第三節　伏吟、反吟

伏吟干支，古著《淵海子平注》上只有「雙辰煞」這個詞，半桶水探索多年，才知道它含有仿造、取締、否定的意思，世界發展喜創新，老是重複已成，就是停滯不前了。

「創業不易，守成更難」的意思，就是不能像伏吟干支這樣重複，而要不斷地創新，人生干支的伏吟煞在六柱見，反映前一柱相同干支的人口在小時死了兄弟姐妹，至少一個，至多有兩三個的。若無兄弟姐妹夭死，重複干支人口或是同父異母，或是同母異父的兄弟姐妹。

一、伏吟煞干支歌

　　　　　人生命柱與運柱，忌見兩柱干支同。

　　　　　此為伏吟是凶煞，好像地裏倒栽蔥。

　　　　　雙辰命見人早死，伏吟運露災壓胸。

　　　　　大運干支喜忌辨，流年災患像狂蜂。

半桶水註：

1、大運與命柱干支相同，這種伏吟煞有吉有凶。原干是弱態，運逢是加強力量，充實本領，屬於好的變動；原干是旺態，運逢只有數量的增加而無品質的提高，屬於壞的變動。行運伏吟煞干支，逢有關人口的病、死、墓、絕運，且逢凶流星者，其干支有關人口主死亡。

2、流年、流月、流日、流時的干支與大運干支相同。若干支是年命干所忌之星，多為人害、病害、來勢緩慢，但很兇殘。

3、伏吟煞有否定、創新的意思，在命局見。

二、反吟煞干支歌

　　　　　人生命柱與運柱，互見剋沖要細辨。

　　　　　少數主吉財官發，多數主凶禍患連。

　　　　　主吉逢利生馬解，主凶敗墓隱流頌。

　　　　　男女大運起五年，運氣大轉非偶然。

　　　　　進退保守都有險，成功要靠智勇全。

半桶水註：

1、「生馬解」是長生運星、驛馬星、解神星。

2、流頌是年月日時四干的大凶流星。

反吟煞是命柱之間，命柱與運柱之間出現天干相剋，地支逢沖的兩柱干支，如年月甲子、丙寅，出現了庚午、壬申。沖剋煞是新與舊，先進與落後，改革與保守，上代與下代，上級與下級，國家利益和個人利益很難調和的矛盾，具有一定程度的對抗性。只有年命干人是身旺者，沖剋柱干支逢到長生星、驛馬星、解神星才屬吉，小損失，大成功，財官發達。若是剋沖柱干支值子、午、卯、酉四敗支，辰、戌、丑、未是墓支，其支遇到年、月、日、時、露干的凶流星就一定是災害頻來，痛苦萬分，包括有親人死亡及牢獄之災。

人生命柱干支，行運見化合干支、伏吟干支、反吟干支都是事物發展的正常現象。其中，生月干支逢反吟干支，是人生三十一至三十五歲，無論男女是共同現象，情況比較複雜，大吉大凶都有。大吉，財官大發；大凶，判刑或者死亡。此五年最喜國家安泰、社會穩定、執法嚴謹。這時人生七十歲的前半程基本結束。

第四節　干支煞

一、思繁煞

戊壬鼠馬喜奔騰，乙辛雞兔志常新。

丙午己卯靈敏少，丁逢丑羊易散魂。

人生為何有失敗，主客兩觀遠離分。

思緒紊亂看世界，冷笑方圓規矩陳。

事與願違常出現，到老不懂因果經。

半桶水註：

1、思繁煞的特點是喜歡神奇幻想，不願刻苦努力，很難成就事業。犯重的人、思維、言論、行為常常表現為「神經質」，最容易被歪理邪說蒙騙。

2、思繁煞除了丁丑、丁未兩柱，其餘十柱都在子午卯酉四支，基本與桃花星、勾絞星糾纏在一起。無論男女都因特別好淫而有惡果。

二、沖敗煞

甲逢辰與戌，庚見戌同辰。

丙壬寅申配，丁癸巳亥欣。

十二沖敗煞，優劣共一身。

優是敢破舊，對事不對人。

劣是頭過熱，很少思敗因。

人生年月日，若昰沖敗臨。

最喜逢化合，喜神且化真。

雖然有失敗，富貴名遠欽。

揚長避短處，安泰過平身。

半桶水註：

1、沖敗煞在年、月、日、時出現兩柱，嚴重。包括學業、事業、婚姻、親情等可能都要遭到失敗。

2、沖敗煞的特點是威風凜凜闖，往往受重傷。

3、少數犯沖敗煞的人是大富大貴者。雖有失敗，但失敗與成功比，失敗是次要的。這種人可稱為「革命家」或「改革家」。

三、空亡煞

年干遁寅數到丑，水土二干是空亡。

年干屬陽陽干忌，年干屬陰陰空防。

古定旬終空亡煞，實際並無大用場。

新定五鬼與劫路，含義不同害非常。

戊己五鬼空亡煞，百萬資產變風霜。

壬癸劫路空亡煞，名利被搶淚盈眶。

半桶水註：

1、陽干年生人取戊壬二干及其坐支為空亡，陰干年生人取己癸二干及其坐支為空亡。命局和大運都從年干限遁十二柱干支，推流月、流日、流時均從流年限遁十二柱干支。

2、空亡喜自身干支或逢化合的干支、逢到年干、月干的長生、臨官、帝旺運支。

師曰：

> 空亡生旺很聰明，想像豐富說理清。
> 空亡死絕多愚昧，咬斷鐵釘鬥輸贏。

又曰：

> 空旺生旺喜，未犯破刑沖。
> 心靈永發奮，持術走西東。

3、空亡逢沖莫舉步，空亡逢合勇前行。

四、陰陽煞

丙辛子午並卯酉，丁壬丑未辰戌留。

戊癸寅申挽巳亥，差錯犯重愁縈愁。

良機來了偏多慮，後悔不知啥緣由。

半桶水註：

1、 陰陽煞全稱「陰差陽錯煞」，循環往復的一年二十四個節氣，固定用甲子、己卯、甲午、己酉四干支代表每個節氣的第一天，稱為「進神」，進神前三日就是陰陽煞。

2、 命犯陰陽煞的人或猶豫不決、或鼠目寸光、或不懂客觀規律，因而造成事業、學業、婚姻等失敗。

第九章　吉神和凶煞

第十章

算命

第一節　算命程序

1、先排出命主的六柱十二字。

2、排出命主大運、流年。

3、以年干代命主，判斷命主五格兩態。

4、找出命主的喜神、忌神。

5、找出命主的吉神、凶煞。

6、找出命主的運星、流星。

7、根據大運、流年進入命主命局產生的影響，判斷將會發生的事情是好是壞。

8、通常分析命主的名、財、官、婚姻、六親及吉凶等事情的發展狀況。

第二節　算命的語言系統

1、五行生剋制化，刑沖破害，合拱飛絕系統。

2、五星喜忌系統。

3、十二運星系統。

4、十二流星系統。

5、吉神與凶煞系統。

半桶水註：

1、算命的語言系統是從不同方面對命局、大運、流年的評斷，坊間部分命學家喜歡混而用之，甚至用一個語言系統的標準去證明另一個語言系統是錯的，這就像用英語的發音標準去證明德語的發音是錯的一樣。半桶水認為，每套語言系統都有自己獨立的法則，對命局進行吉凶悔吝的評判，並沒所謂對錯。

2、坊間算命士喜歡以五行生剋制化，五星（坊間稱「十神」，把五星分陰陽，如官星分正官、七殺。正官主文官，七殺主武職等等。其實沒必要，君不見當官就是當官，今天是文官，明天可能是武官，現實中哪分得那麼清楚。半桶水認為以喜忌為算命正宗，並否定其他語言算命的正確性，或有違太極其大無邊的精神。

3、十二運星、十二流星是先師們根據陰陽消長規律設計出來的一套算命語言系統，是計算命運的一個通用模型。半桶水經實踐發現這在實際算命中具有很高的實用價值。

4、神煞，在幾千年的算命活動中，創造了近兩百種。大多數是歷代算命士（尤其是盲人命師）批命經驗的總結，有時很準，有時又不準。因為創造神煞的方法是統計法，而每位命師或因接觸的命局有限，而造成大多數神煞不具有通用的功能。但因天干只有十個，地支只有十二個，天干地支只有干支同氣、干生支、支生干、干剋支、支剋干五種關係，所以有些神煞還是具有通用的功能。半桶水個人認為如天乙貴人等，實用性很強。故本書也用這套語言，並將具通用功能的神煞收錄於書中，分享給讀者。

第三節　論命局

命局六柱：運柱、世柱、年柱、月柱、日柱、時柱，是人生際遇的生命數，是定數，屬靜態。大運、流年是人生際遇的運氣數，是變數，屬動態。靜中有動，動中有靜，相互依存，構成人生命運。

一、運柱是生命的起始

運柱又稱「祖宮」，主管生命一至十五歲的運限。一運管三百六十年，人生從這裏開始。祖宮有下列意義：

1、遺傳：包含命主祖宗遺傳業力。民間有云：「祖宗積德，蔭佑子孫」說的就是這個意思。遺傳就決定了生命的智商水準。

2、文化：包含宗教信仰、民族文化等等。文化決定了命主的三觀狀態。

3、法律：包含國家法律、意識形態等。決定了命主的性格特徵。

半桶水註：

1、運柱為喜神，得祖上遺蔭，尊重傳統文化，有宗教信仰，與祖上緣佳，易撫育。

2、運柱為忌神時，不得祖上遺蔭，出生貧寒，幼運多災病，少年運不佳。

3、運支被刑沖破害，主有反骨、叛逆等。

二、世柱是生命的成長

世柱又稱「父母宮」，主生命十六至三十歲的運限。人生在這個階段成熟。父母宮有下列意義：

1、教育：父母的言傳身教、學校的教育等。教育決定了命主的個性、心態等。

2、民俗：每個地區民族文化不一樣，生活習慣也不一

樣。「一方水土養活一方人」。這些民俗文化決定了生命的審美取向。

3、規矩：地方法律、法規、規則等。這些做人做事的規矩決定了生命的人生教養。

三、年柱是生命的主體

年柱稱「命元宮」，主管生命三十一至四十五歲運限，代表生命的創業階段，決定生命一生的成敗。年干代表命主，能夠顯示年干人的相貌、性格、觀念及特徵。以年干為命元就是以年干代表命主為主體、為中心，看運、世、月、日、時各柱的關係和概況。從而計算人生命運。

四、月柱是生命的結果

月柱又稱「夫妻宮」，亦稱「運元宮」。主管生命四十六至六十歲運限，決定人生的成敗結果。人到六十歲，人生的使命就顯露無遺了，成就多大也由這個階段決定。生命的成敗，當然與夫妻狀態如何有重要的關係，所以民間有言：「夫妻決定成敗。」人生大運由月柱開始計算，男順女逆。

半桶水註：

1、月柱為喜神時，婚姻美滿，家庭幸福，中年運佳。

2、月柱為忌神時，婚姻坎坷，情路悲苦，中年運差。

3、月支被刑沖破害，以凶論。

五、日柱是生命的希望

日柱又稱「子女宮」，主生命六十一至七十五歲運限，決定人生是失望還是有希望。坊間把日柱叫「夫妻宮」，男命，從生日支看妻子資訊；女命，可以從生日支看丈夫的資訊。這其實可能很不準確的。與其說看夫妻的資訊，還不如說看夫妻對子女的影響力或子女對夫妻的影響力。如生日支逢辰、戌、丑、未之一，主孩子父母早逝，值墓支位的父或母有機會早亡。這與父和母的感情沒有半點關係。

半桶水註：

1、日柱為喜神時，兒女優秀，易育易養。

2、日柱為忌神時，兒女平庸，難撫難育。

3、日支被刑沖破害，以凶論。

六、時柱是生命的夢想

時柱又稱「孫宮」，主生命七十六歲以上運限，是生命的夢想，決定生命的晚年生活，亦決定生命的孫子、孫女多寡、優劣。

半桶水註：

1、時柱為喜神時，孫子女優秀，易育易養。

2、時柱為忌神時，孫子女平庸，難撫難育。

3、時支被刑沖破害，以凶論。

以上各柱限運，仍需配合該時段行運之吉凶論斷。如果限運吉，行運也吉，主錦上添花，或能有大成就。如果限運吉、行運凶或限運凶、行運吉，則可降低損害程度。如果限運凶，該行運亦凶，則雪上加霜，需防破敗、防傷身。

坊間算命大多用子平術，半桶水認為，論格局可能是偽訣，或許經過編輯修改。但是命局確實有優劣之分，是多變的，否則就無法解釋生命千奇百怪的際遇。具體說明如下：

1、天干合，為喜化真，命優。

2、天干合，為喜化假，命優，但糾纏多。

3、天干順生（年、月、日、時），命優。

4、天干逆生（時、日、月、年），命優。

5、地支六合、方局合、時局合，為喜化真，命優。

6、地支五行順布（年、月、日、時），命優。

7、地支五行逆布（時、日、月、年），命優。

8、干支相同或相生四個以上，命優。

9、天干剋戰，回剋，命劣。

10、地支刑、沖、破、害兩個以上，命劣。

11、干支剋戰三個以上，命劣。

12、命局逢天乙星、紅鸞星、天喜星、驛馬星等吉星三個以上，命優。

13、命局逢華蓋、孤寡、亡神、劫資、勾絞、孤殘三個以上，命劣。

14、命局天干坐地支逢長生、沐浴、冠帶、臨官、帝旺三個以上，命優。

15、命局天干坐地支逢衰、病、死、墓、絕三個以上，命劣。

第四節　論運

運是生命的光環。

運包括大運和流年、流月、流日、流時。論運需從命局六柱、限運、大運、流年等方面來論述。師云：「命定一世之榮枯，運主一時之休咎。」又云：「命好也要運好。」可見命理論命，不只命局要好，也要走喜神運，才能相得益彰、飛黃騰達、富貴雙全。如果是「命好運不好」，則有滿腔的才華與抱負，就是無從發揮，抱有懷才不遇之憾。如果是「運好命不好」，則雖才智平庸，但總有遇上相助其時運的機會，即使無法成大器，確也能平平安安，小有所成。 如果是「命不好，運也不好」，則不但出身貧苦，一生又多災多難，難有平安之日。

大運、流年和命局會發生各種關係，論運時，首先要論運和命局干支化合的利害真假；其次論喜忌吉凶；第三論年月干的十二運星；第四論年月支的十二流星。據口耳相傳，漢朝的大國醫張仲景和明朝的大軍師劉伯溫都說：運氣，所說或許是指天地和人體的五運六氣。五運六氣在太極命理中就是天干五化和地支六合，方局合，時局合。這是人生命運由漸變到突變的焦點，是吉是凶，是禍是福，非常明顯。人生運氣也像天地氣象，時常都有變化。陰晴雨霧交替，溫熱寒涼錯綜。具體說明如下：

1、月柱為運元，論大運以地支為重，論流年以天干為重。

2、論大運重點審查交運、脫運兩年，判斷行運趨勢，是向好運發展，還是向壞運轉變。

3、天干論生剋制化，地支論和、拱、飛、絕、刑、沖、破、害。

4、大運、流年干支五行生剋所產生力量的加減，說明如下：

（1）干支相同，為天地一氣，力量最強。

（2）干生支時，為天生地，天干減力，地支增力。

（3）支生干時，為地生天，地支減力，天干增力。

（4）干剋支時，為天不生地，天干蓋頭剋地支，需消耗真力，其力略減，而地支被剋，耗損體力，其力略減。

（5）支剋干時，為地不載天，天干被地支截腳，損耗較大，而地支去剋天干，亦耗損體力，其力略減。

5、論命時，先看命局之吉凶，次看流年與大運產生之關係，再論流年與命局產生之關係，最後命運合參。

6、大運、流年合去命中之神時，以利害真假辨吉凶。

7、大運、流年沖去命中喜神，以凶論；沖去命中之忌神，以吉論。

8、語云：「反吟伏吟淚淋淋」，大運與流年、運與命局犯伏吟、反吟，以凶論。

9、命、大運、流年形成一干剋三干、一支沖三支，以凶論。

10、刑沖破害太歲或犯太歲時，以凶論。尤以沖太歲為重。

11、命、大運、流年組成三刑又逢沖時，有凶災橫禍。

12、用吉神凶煞論大運流年，逢吉神則吉，逢凶煞則凶。

13、用十二運星論大運、流年：

（1）無論身旺、身弱，行長生運主吉。

（2）無論身旺、身弱，行病、死、墓、絕運主凶。

（3）其他運星，按星運所示而斷。如沐浴運主桃花、胎運、容易懷胎等。

14、用十二流星論大運、流年，按流星所示而斷。如大耗星，大耗耗財，亦主再娶等。

15、流年、大運為命局喜神則吉，為忌神則凶。

第五節　論名

名是指名氣、榮譽、學歷等。

「青史留名」是中華人追求的人生目標之一，人生下來，就會有個名字，伴隨人的一生，這個名字就是人的品牌符號。問題是人總是要死的，但死後是否還有人記得我的名字呢？換句話說，這個問題是：我能永遠活在人們的心中嗎？為此，有人建功立業，有人著書立說。即使普通老百姓，也多生子，讓自己死後，至少有後人記住自己。由此可見，「名」對於中華人是非常重要的一個追求。計算人的名氣如何？榮譽如何？學歷如何？就成為命學中非常重要的一個課題。

在命學界，傳說中的命學大師徐子平，被視為命學著作《淵海子平》撰寫人，書中他繼承唐朝李虛中大師的研究，提出五行相生相剋、相同產生財官印比傷五星代六親人口的理論。與現在的人口基因學說相比，其先進性可以算是毫不遜色的。

然而，徐子平提出的四十四種人生五行名貴格，確實是巧立名目，似是而非。他提出的「用神論」對算命士和普通人都存在虛偽性。坊間命學評定人的名氣、富貴、貧賤、壽夭，半桶水認為有些理念是可取的，但並不完全正確，而且由於理論不齊全，後學者大多數是很難學會的。故從古到今有真知灼見的算命士是很少的，甚至在一個漫長的時代中，都只有一、兩個。

人一生的多種狀態是不斷發展的，制約人的思想的地區政策、國家政策，總是在不斷的發展、變化，凡是搞「終身論」不可能符合人一生的實際情況。

個人名氣、學業及學歷之成就，需要看命局之印星、傷星之喜用，需查命局之吉星、凶煞。印星、傷星代表智商、學歷、功名，有力且為命主喜神又不受破壞時，成績優秀且學歷高。命局逢吉神，自然喜讀書；逢凶神，自然昏昏沉。 考運要參考考試時大運和流年吉凶，具體說明如下：

1、印星、傷星為聰明智慧之星。身旺，傷星臨年干人且坐支為長生、沐浴、冠帶、臨官、帝旺者，學業好。身弱，印星臨年干人且坐支為長生、沐浴、冠帶、臨官、帝旺者，學業好。反之，身弱，傷星臨年干人且坐支為長生、沐浴、冠帶、臨官、帝旺者，學業差。身旺，印星臨年干人且坐支為長生、沐浴、冠帶、臨官、帝旺者，學業差。

2、身旺、傷星逢比生，學業好；身弱、印星逢官生、學業好。

3、身旺、天干無傷星，學業一般；身弱、天干無印星，學業一般。

4、身旺、干支化合出傷星、化真者，學業好；化假者，學業差。身弱、干支化合出印星、化真者，學業好；化假者，學業差。

5、命帶財官印三星透干，又不相剋制者，能讀好書，學歷也高。

6、身弱、印星被旺財剋，不喜讀書，一看到書就頭暈，知識學問或狹窄，精神生活空虛。

7、世柱逢空亡，主十六至三十歲運限，父母支援乏力，求學期間或較易受挫。

8、男命財星多且旺，女命官星多且旺，在求學時因感情因素而影響學業。

9、命局犯桃花煞、勾絞煞，在求學時易因感情因素而影響學業。

10、行喜神之歲運，主求學順利，成績也好。

11、行天乙、紅鸞、天喜、解神等吉星，傷星（身旺），印星（身弱）之歲運，能考出好成績。

12、大運、流年均逢忌神運，考試較易落榜。若大運吉、流年凶，雖可考上，但成績不如意，若大運凶而流年吉，可榜上有名。

13、命局中有印、傷之伏神且為喜神，學歷高、名氣大；為忌神，學歷一般。

例1：莊小姐生於 1981 年 2 月 17 日寅時（農曆）

命局：	乙	癸	辛	辛	己	丙
	亥	未	酉	卯	亥	寅
大運：	5	10	15	20	25	30
	辛	庚	己	戊	丁	丙
	卯	寅	丑	子	亥	戌

問：莊小姐學業如何？

評：辛金生卯月，身囚財旺，辛金處弱態；印星己土為喜神，莊小姐喜讀書。己土雖逢月令卯木，但丙火臨生己土，己長生在酉，冠帶在亥，己星不弱，有學歷。十五歲至二十歲行己丑大運，考試發揮好，莊小姐在長沙大學畢業，二十五歲後印運無，應無後續教育。

第六節　論財

　　財為養命之源，俗話說：「錢雖非萬能，但沒錢卻萬萬不能」。因此世人汲汲營營，無非在尋求更多的財富，使其物質生活更豐富。

　　生於富貴之家者，一出生就享受榮華富貴，而生於貧困之家者，貧困潦倒。也有雖出生困苦，早年辛苦，但中年發財致富。更有出生富貴者，卻又一敗塗地的。「三十年河東，三十年河西」、「舊時王謝堂前燕，飛入尋常百姓家」、「生年不滿百，常懷千歲憂」、「一埂田坎三節爛，三窮三富不到老」……才是人生的寫照。所以是否成為富命，命局的好壞與行運的吉凶，都會影響其結果。

　　1、年干剋世干，年支沖世支，不容易賺錢。

　　2、年干逢長生，容易賺錢。

　　3、命局有驛馬星容易賺錢。

　　4、身旺，天干財星坐長生、沐浴、冠帶、臨官、帝旺，易賺錢。坐死、墓、絕，賺錢難。

　　5、身旺，命局天干無財星，賺錢難。

　　6、身旺，命局天干傷生財，發財。天干地支合化出財星，化真，富翁。

　　7、身弱，天干比星坐長生、沐浴、冠帶、臨官、帝旺，容易賺錢。坐死、墓、絕，賺錢難。

　　8、身弱，命局無比星，賺錢難。

　　9、身弱，命局天干印生比，發財。天干地支合化出比

太極命理

星，化真，富命。

10、身旺，大運行驛馬運、傷運、財運，發大財。天干地支合化出財星，化真，發大財。

11、身弱，大運行驛馬運、比星運，發財。天干地支合化出比星，化真，發大財。

12、身旺，大運、流年行比運，破財。天干地支合化出比星，破大財。

13、身弱，大運、流年行財運、破財。天干地支合化出財星，破大財。

14、身旺，命局中伏財星、身弱，命局中伏比星，富命。

例 2：范小姐生於公曆 1981 年 9 月 16 日未時

命局：	乙	癸	辛	丁	丁	丁
	亥	未	酉	酉	酉	未

大運：	5	10	15	20	25	30	35	40	45	50
	丁	丙	乙	甲	癸	壬	辛	庚	已	戊
	酉	申	未	午	巳	辰	卯	寅	丑	子

評：辛生酉月，比旺身旺，木星為財，水星為財源。

運乙亥為累世因果，先天財祿，世癸未，癸為傷星，未為財庫，亥未拱卯為伏財，說明范小姐先天具發財基因，生逢其時，後天善於抓住機遇有順勢而為的聚財能力。三丁飛來壬水，為傷星為財源。三酉飛來辰土為水庫，水庫因壬水而開，財源廣大。未中甲乙木為財，因乙木而開庫，財源滾滾，富婆之命。三十歲前，一路喜神運，青年發達。

第七節　論官

　　早期論官，偏重於論體制內官當多大，正所謂「十年寒窗無人問，一舉成名天下知」，「學而優則仕」。只要肯認真讀書，有朝一日金榜題名，則「打馬入朝廷」，光宗耀祖。如今社會形態不同，不光限於考取公務員這一出路。在各個領域、各個機構，都有掌握權力的帶頭人。故論官也可以理解為論權力。

　　官雖與命局（遺傳基因）有關，但半桶水認為應以審查大運、流年的運氣為主。坊間認為命有格局（多達十幾種）才富貴，實際上人生時而富貴、時而貧賤，是很多變的。如貪官在位時，誰能說他命局不佳？下位而身陷牢獄之災時，他的命局變了嗎？

　　論官運，主看官星，次看吉神、凶煞等。

　　1、身旺，天干有官星、有財星而無印星，且官星逢長生、冠帶、臨官之地，吉，可任官；身弱，天干有印星、官星，且官星逢長生、冠帶、臨官之地，吉，可任官。

　　2、身旺，天干有傷星、財星、官星相生，且官星逢長生、冠帶、臨官之地，大吉，可任大官；身弱，天干有財星、官星、印星相生，且官星逢長生、冠帶、臨官之地，大吉，可任大官。

　　3、天干無官星，或有官星但逢死、墓、絕之地，不宜做官。

　　4、命局官星被合，且合出之神非官星，無官之命或為官不長。

5、在運中，干支是喜神（天乙星、紅鸞三吉星），升官；干支是凶神（勾絞、亡神、劫殺），貶官。

6、在運中，天干化真、喜神化真或地支六合，三時局、三方局化真，大吉祥，升官。

7、在運中，天干化假、忌神化假或地支六合，三時局、三方局化假，大凶之運，貶職。

8、身旺，運剋官星；身弱，運剋印星，大凶，貶職。

9、身旺官星、身弱印星，逢長生、冠帶、臨官運，升職；逢病、絕、死、墓運，貶職。

10、命局、大運、流年、地支犯刑、沖、害三律，貶職。

例 3：江先生命局

生於公曆 1950 年 8 月 26 日午時，即農曆 1950 年 7 月 13 日午時。

命局：	乙	壬	庚	甲	癸	戊		
	亥	午	寅	申	巳	午		
大運：	5	10	15	20	25	30	35	40
	甲	乙	丙	丁	戊	己	庚	辛
	申	酉	戌	亥	子	丑	寅	卯
	45	50	55	60	65	70	75	80
	壬	癸	甲	乙	丙	丁	戊	己
	辰	巳	午	未	申	酉	戌	亥

評：

一、命局分析

庚生申月，比旺，身旺。喜傷星、財星、官星，忌印星、比星。

戊癸合丙火，為官星、為喜神，傷星絆印。大吉。官星丙火，有甲財生，丙火長生在寅、臨官在巳、帝旺在午，大官。

乙庚合、寅亥合，主江先生有信仰，尊重傳統文化、傳統道德。 庚生壬水，寅午合，主江先生先生遵紀守法，併為自己認可的價值觀、世界觀、人生觀努力工作。也說明江先生不離經叛道，在宏觀上為任官創造了為喜條件。

寅己申三刑，主江先生為官辛苦，因公忘私，也有官非、起跌之象。

巳申六合癸水，為傷星、為喜神，大吉。 主江先生智商高、學歷高。

庚金長生在巳，巳居配偶宮，主娶賢慧之妻，生優秀兒女，家庭對江先生事業發展幫助大。

二、行運分析

從運限看，運柱乙亥管江先生一至十五歲運勢。與年柱庚寅乙庚合、寅亥合，說明江先生承祖蔭庇護，能健康成長。 旺金坐絕，運勢平平，有喜有悲。

世柱壬午，管江先生十六至三十歲運勢。庚生壬，寅午合，說明江先生尊重傳統文化，遵守法律，與父母緣深，得父母助力。午為庚之沐浴之地，說明江先生人際關係好，有發展有進步。

年柱庚寅，管江先生三十一至四十五歲運勢。和運柱、世柱關係好。月柱甲申，甲為財星、為喜神，庚逢申祿地，吉，主江先生發展順利。

　　月柱甲申，管江先生四十六至六十歲運勢。寅申沖，主江先生辛苦，變化大。庚居祿地，甲為喜神，主江先生愈變愈好，人生可達鼎盛之境。

　　日柱癸巳，管江先生六十一至七十五歲運勢。癸為傷星、為喜神，庚逢長生，大吉，主江先生子女孝順，家庭幸福。

　　時柱戊午，管江先生七十六至九十歲運勢。戊癸合，火坐午地為沐浴之地，主江先生晚年吉祥，生活開心。

　　從行運看，簡評如下：

　　1、二十一至二十五歲，戊子大運，戊癸合丙火，為喜神，但為合制，半吉半凶；申子半合壬傷，為喜神，合化，大吉。

　　1981（辛酉）年，辛為比星，主耗財；酉為桃花，主人際關係好！這年，江先生獲海外著名大學的博士學位，準備回家任教。經其父大力推薦，並憑人脈關係進入政府機構任職。

　　2、三十一至三十五歲，庚寅大運。庚為比星，主破財。寅為太歲，有喜就無禍。庚寅伏吟，有否定、創新之功。寅為財星、又為驛馬星，主變動且往好的方向發展。寅為三刑，主辛苦。寅午半合丙火，為官星、為喜神，合制，半吉半凶，有升有降。

　　1984（甲子）年，甲為財，為喜神。申子半合癸水傷星，

生甲財，甲財生官星丙火，五行順布，大吉，主升官。這年，江先生獲提拔培養。

3、三十六至四十歲，辛卯大運。辛為比星，財有耗損。卯為財星，主該運財來財去。卯為庚之胎星位，孕育新生命之地。卯為桃花，主人際關係好。卯為甲父乙姑之旺地，主得上輩提攜。

1990 年，庚午流年。三午飛來一子為傷星，傷生財、財生官，吉。這年，江先生升任要職。

1991 年，辛未流年。兩星飛出一丙，為官星。未為天喜星，主有喜事。這年，江先生又再升級。

1993 年，癸酉流年。戊癸合丙火官星。酉為桃花，主人際關係好。這年，江先生已位居高位。

4、四十一至四十五歲，壬辰大運。壬為傷星，主有智慧、善經營。寅辰拱出卯，為桃花，主有貴人鼎力相助。申辰拱出酉為忌，為勾絞，主犯小人。

1998 年，戊寅流年。戊癸合丙火官星，寅沖申，主變動。二寅飛來一亥，為傷星，則傷生財、財生官，五行順布，大吉。這年，江先生成為長官。

5、五十一至五十五歲，甲午大運。甲午為陽進神。古語云：「男子帶進神，打馬入朝廷。」寅甲為財、財生官，大吉。兩午飛來一未，巳午未合丁火，官星為天喜星，吉。

2005 年，乙酉流年。乙庚合酉為桃花，主人氣旺、支援的人多。江先生獲任組織領袖。

2008 年，戊子流年。戊癸合丙火，官星，子為桃花，主

人緣。子午沖，主人氣大旺。這年，江先生獲選高級領導人之職。

6、五十六至六十歲，乙未大運。乙庚合金，主散財。未為天喜星，主喜事連連。巳午未三合丁火，戊癸合丙火官星坐巳午未官局，主官運旺。

2012年，壬辰流年。壬為傷星，辰為水庫，主智慧。寅辰拱卯，為人緣，主暗中有貴人支援，主人氣旺。申辰拱酉，主小人。這年，江先生再度獲選為高級領導人。

第八節　論健康

有了健康體魄，才有體力賺錢，經營事業，行政為官，休閒享樂……故無論妻財子祿、榮華富貴，只有健康的身體，才是人生最根本的財富。所謂「人有旦夕禍福」是指人的一生中，有大災大難的，有小災小難的，從命裏可以探究先天身體的強弱。後天調養機制，達到趨吉避凶、延年益壽的目的。

從五星屬性看，命局中五行最弱最強，為其病兆之所在，五行被太旺五行所剋，亦是其病源之根。

　·木星：臟腑為肝、膽。四肢、頭、肝經、神經、筋脈之病。

　·火星：臟腑為心、小腸。血管疾病、心肌梗塞、視力衰退、眼病、白內障、青光眼等。

　·土星：臟腑為脾胃。胃潰瘍、腸炎、消化系統、毒瘤、胃癌等。

　·金星：臟腑為肺、大腸。呼吸系統、鼻病、皮膚病、過

敏症、濕疹、生瘡等。

‧水星：臟腑為腎、膀胱。泌尿系統、生殖系統、結石、失眠、下部出血、月經失調、經來腹疼等。

查命局可知疾病之因；審大運、流年，可明疾病之應期。

1、從月柱看疾病

　　（1）正月、二月，寅卯木星旺，肝膽不好。剋土，脾胃容易生病。

　　（2）四月、五月，巳午火星旺，心、小腸不好。剋金，肺、大腸不好，容易生病。

　　（3）三、六、九、臘月，辰戌丑未土星旺，脾胃不好。剋水，腎臟不好，容易生病。

　　（4）七月、八月金星旺，肺和大腸不好。剋木，肝膽不好，容易生病。

　　（5）十月、十一月水星旺，腎、膀胱不好。剋火，心、小腸不好，容易生病。

2、命局六柱，無地支主氣之五行，太弱，相應的部分容易生病。

3、命局所帶來的病，屬於難以痊癒的長期痼疾；歲運引發之病，屬於短期易癒之病。

4、年干處旺態，月支未被刑沖破害，該命先天身體健康；年干處弱態，月支被刑、沖、破、害，該命先天身體虛弱。

5、月干同性官星剋年干，主體弱、壓力大、多困擾。

6、月柱與年柱或月柱與時柱犯反吟，普遍身體不好。

7、喜神若被沖剋，則易患該喜神所示之病或血光之災。歲運同時沖剋喜神，該年易患大病或易有橫禍。

8、歲運干支與命局本限干支成反吟，主該限運會流血、生病。

9、無論身旺或身弱，能得運助時，即使有病也較輕微。身弱，不得運助或喜神被刑沖，患病，重者身亡。

10、命局六柱，天干無剋，無為忌化假，地支無刑沖破害，為忌化假，身體好，主長壽。

11、歲運：

（1）旺木剋土，易患急性胃炎、化膿性胃炎。

（2）旺火剋金，易患急性肺炎、下痢與盲腸炎。

（3）旺土剋水，易患高血壓、腎炎、蛋白尿。

（4）旺金剋木，易患肝硬化、黃疸肝炎。

（5）旺水剋火，易患心臟病、脾腫。

12、年支為喜神時，健康較好；為忌神時，健康較差。不管喜忌，均不宜逢沖。逢沖時，健康有損。

13、歲運與月柱反吟，易得病。

第九節　論婚姻

「十年修得同船渡，百年修得共枕眠」，可見夫妻能夠生活在一起，是非常難能可貴的機緣。而婚姻之成敗，對個人、家庭、社會、國家等都有深遠的影響，所以要經營好幸福美滿的婚姻。

婚姻，除了個人性情、觀念、經濟和理想等原因外，在命

理也能針對其婚姻好壞做一些評估，作為趨吉避凶的參考，避免「男怕入錯行，女怕嫁錯郎」的情形發生。

一、從月柱看婚姻

月柱代表夫妻宮，亦代表人生四十六至六十歲運限，故對婚姻影響很大。

1、夫妻月干成陰陽組合為吉，較能互相扶持。如夫之月干為甲、丙、戊、庚、壬，則妻之月干配乙、丁、己、辛、癸，或夫之月干為乙、丁、己、辛、癸，則妻之月干配甲、丙、戊、庚、壬。

2、夫妻之月干是甲乙、乙庚、丙辛、丁壬、戊癸這五種組合之一時。如夫之月干是甲，妻之月干是己，或妻之月干是甲，夫之月干是己，則夫妻緣深，白頭到老。

3、夫妻雙方之喜忌不相同，則可以產生互補作用。如夫為夏天生人，配妻為冬天生人，或妻為秋天生人，配夫為春天生人。這樣才不會因為忌神運時，雙雙因不順而影響婚姻。

4、夫妻雙方月支不宜相同。如夫之月支為子而妻之月支也是子，如果碰到歲運「午」來沖雙方月支時，則兩人配偶宮被沖。主夫妻會發生不和、衝突或離婚。

5、夫之月支與妻之月支形成六合時，夫妻恩愛。

6、兩人月柱宜相生、相合，忌沖剋，婚姻美滿。

7、夫之月柱干支同氣，剋妻。妻之月柱干支同氣，妻奪夫權。

8、夫或妻月支犯孤寡煞，婚姻不美，月支逢沖，一婚難以偕老。

二、從年月地支看婚姻

男女戀愛時一定要了解出生的年、月、日、時，特別要看年支、月支。筆者認為，年支是命元，人生多元軌迹的遙控中心，月支是運元，人生多元運氣的遙控中心，一定要嚴格要求。如不是良緣，可以割愛，不娶不嫁，將戀愛關係轉為朋友關係，於己於家於社會都是好事。

1、年月逢沖、刑、破、害，婚姻不美，一婚難以偕老。

2、以年支、月支查命局，不能有孤寡煞。

3、夫妻年支、月支對查，有天喜、解神、紅鸞六合者，婚姻幸福，有刑沖破害者除外。

4、夫妻年支、月支對查，有刑沖破害者，婚姻不美，或傷感、或有遺恨、或離異。

5、夫妻年支月支對杳，有傷殘煞者剋妻或剋夫，輕則傷殘，重則死亡。

《傷殘煞》曰：

　　子午卯酉見巳，寅申巳亥見酉，辰戌丑未見丑。

如夫年支或月支為子，妻年支或月支為巳，為犯傷殘煞。又如妻年支或月支為寅，夫年支或月支為酉，為犯傷殘煞。

三、緣至

1、大運、流年之地支與月支逢六合、時局合、方局合時，緣至。

2、大運、流年行桃花星、勾絞星、紅鸞星、天喜星時，緣至。

3、大運和流年男命行妻星運，女命行夫星運，緣至。

4、男命妻星為喜神時，會認識端莊賢慧的女性；女命夫星為喜神時，會認識溫文儒雅的男性。

5、早婚之命：

（1）女命夫星透干，早行夫運者。

（2）男命妻星透干，早行妻運者。

（3）命局有時局合、方局合、六合合出夫星或妻星且化真者。

（4）干支多合者。

（5）命帶桃花星、勾絞星、紅鸞星者。

（6）月支逢六合化出夫星或妻星且化真者。

6、晚婚之命：

（1）命局男命妻星、女命夫星不透干者。

（2）配偶宮（月支）為忌神者。

（3）命帶孤星寡宿者。

（4）月支犯刑沖破害者。

（5）男命行妻星運、女命行夫星運較遲者。

（6）男命比星多且是忌神、女命傷星多且是忌神。

四、緣滅

1、男命身旺，比星為忌神，又行比星運者；女命身弱，夫星為忌神，又行夫星運者。

2、男命月支是比星，再時局和，方局和成比星且化真者；女命月支是傷星，再逢時局和，方局和化傷局且化真者。

3、行忌神運且沖月支。

4、月柱犯剋沖煞者。

5、命帶孤星寡宿又行孤星寡宿運者。

五、夫妻關係

1、男命

（1）男命身弱，妻星旺者，懼內。

（2）妻星是喜神，妻賢慧富有，因妻致富。

（3）妻星是忌神，妻無助。

（4）月支是孤寡星，剋妻或妻六親無靠。

（5）月支是華蓋星，剋妻或妻不貞。

（6）妻星多合者，多妻妾且淫亂。

（7）月柱多合，妻緣有變。

（8）月支帶桃花，妻妾風流能幹。

（9）妻星逢空亡，剋妻或離婚再娶。

2、女命

（1）月支被刑沖，剋夫。

（2）月柱犯呻吟煞，剋夫。

師曰：

> 木火蛇無婿，金豬豈有郎。
> 土猴夫何在？木虎定居孀。

又曰：

> 木火蛇無婿，金豬豈有郎。
> 赤黃馬獨臥，黑鼠守空房。

半桶水註：

1、呻吟煞又叫「孤鸞煞」，專論女命，以月柱見之方是。若月柱見，日柱又見，且與月支相同之支，更為不吉。

2、犯呻吟煞干支是乙巳、丁巳、辛亥、戊申、甲寅、丙午、戊午、壬子。

3、呻吟煞主剋夫、主再嫁、主守寡，若不離婚，夫必死亡。

4、戊申、甲寅極剋夫，若戊申月柱再見申字，甲寅月柱再見寅字，剋死，有時還會連剋數夫。

5、壬寅、己酉亦剋夫，和呻吟煞差不多。

6、女命逢呻吟煞，尤喜性生活，夫陽精耗泄無制，髓枯血涸，能長壽嗎？

    （1）年柱和月柱日柱伏吟，剋夫。

    （2）月支未受刑沖破害，主夫妻恩愛。

    （3）夫星為喜神，被合化成忌神，不得夫助。

    （4）夫星居月支、日支絕地，夫絕望。

    （5）夫星旺，又帶桃花，恐因桃花糾紛引來殺身之禍。

    （6）夫星逢空亡，主夫死或離婚再嫁。

    （7）干支多合，易到處留情。

7、通論

    （1）配偶星（夫星、妻星）為喜神，被鄰支沖剋，配偶身體不好。配偶星為喜神，喜神沖，夫妻喜歡吵架，但愈吵感情愈好。配偶星為忌神，被忌神沖，除身體不好外，感情也不好。

    （2）男命月支被鄰支合，相合又不是妻星，妻有外遇；女命月支被鄰支合，相合者又不是夫星，夫有外遇。

    （3）男命比星爭合妻星，妻有外遇或自己奪人妻；女命比星爭合夫星，夫有外遇或自己奪人夫。

    （4）男命桃花多，逢沖合桃花之年，易犯桃花；女命桃花多，逢合沖桃花之年，易出軌。

    （5）月支與日支相合，配偶與自己孩子相處融洽；月支與日支相沖，配偶容易與自己孩子不和。

太極命理

(6) 本人月支與配偶月支相沖，夫妻不易溝通。

(7) 身弱帶思繁煞者，夫妻常有三角關係。思繁煞兩柱以上，更凶。

(8) 月干左合右合又不化真者，主風流好色，易離婚再婚。

(9) 月支左右皆合，主情人被情敵搶去。

(10) 夫妻月支相絕者，夫妻性生活容易不和諧。

第十節　論六親

六親是指內五代人口和外三系人口，多達數十人。五星代六親，是以生我者為父母，我生者為子女，剋我者為丈夫，我剋者為妻子，同我者為兄弟姐妹來劃分的。凡陽干代表男性，凡陰干代表女性。論六親要星宮同參。

一、五星人口分別

1、印星人口：陽干是父親、叔叔、岳父等；陰干是母親、岳母、伯母、叔娘、姑媽、姨媽等。

2、傷星人口：陽干是兒子、侄兒、外甥、女婿等；陰干是女兒、侄女、表侄女等。

3、比星人口：陽干是兄弟、表兄弟、連襟兄弟；陰干是姐妹、表姐妹、妯娌等。

4、財星人口：陽干是孫子、侄孫子等；陰干是孫女、侄孫女等；對男性專指妻。

5、官星人口：陽干是祖父、叔祖父、外公等；陰干是祖母、叔祖母、外婆等；對女性專指丈夫。

二、六親吉凶分別

1、以六親干逢月支，辨六親干旺弱。旺者強，弱者衰。

2、六親干坐什麼支，地支所藏六親干居什麼支，用十二運星、十二流星來論六親干在六親中的地位。

3、用天干生剋制化，地支刑、沖、破、害、合、拱、飛、絕論六親吉凶。

4、用十二運星論六親干兄弟姐妹個數。取上不取下，取前不取後。

5、星宮同參，論六親干與命主緣分和助力。

（1）六親干為命主所喜，緣分深；六親干為命主所忌，緣分淺。

（2）六親干為喜神臨年干且旺相，對命主說明大；六親干為喜神臨年干且衰弱，對命主說明小。六親干為忌神臨年干且旺相，對命主傷害大；六親干為忌神臨年干且衰弱，對命主傷害小。

6、命主之基因主要來自運干支、世干支所示之六親的遺傳基因，故其個性、命運有其相似性。

7、命局六柱地支犯刑、沖、破、害，六親有死亡。

8、六親關係除六親星外，還要詳查六親宮天干地支關係。

9、六親干透干比藏地支本領大。

第十一節　論遷移

　　遷移是指外出遠行、居家變動（搬家）、工作事業之變動、移民以及命主是否適合到外地發展，還是適合在出生地發展等。

　　1、年支沖月支，早離家門往外地發展，年柱和月柱是剋沖煞，更甚。移民外國發展，吉祥。

　　2、命局地支犯刑沖破害，變動多。

　　3、命局帶驛馬星者，外出運很多，適合移民。

　　4、大運行驛馬運或沖驛馬時，會變動。

　　5、命局逢吉神運時，變動吉；命局逢忌神運時，變動凶。

　　6、大運地支沖合年支或時支時，或雙沖年、時支，會變動。

　　7、大運和流年同時沖合年支時，該年有變動。

　　8、外出求發展，選年干長生之地、財星之地，較能心想事成。 如年干為丙火，丙火長生在寅，財星為金，故選東北或西方為發展之地才吉利。

第十二節　坎坷人生 風雨兼程

以下是半桶水的一位客人、江先生的命運分析：

江先生生於公曆 1963 年 5 月 23 日寅時。

命局如下：　　乙　　癸　　癸　　丁　　丙　　庚
　　　　　　　亥　　未　　卯　　巳　　寅　　寅

大運如下：

丁 巳 （0-5 歲）	戊 午 （6-10 歲）	己 未 （11-15 歲）	庚 申 （16-20 歲）
辛 酉 （21-25 歲）	壬 戌 （26-30 歲）	癸 亥 （31-35 歲）	甲 子 （36-40 歲）
乙 丑 （41-45 歲）	丙 寅 （46-50 歲）	丁 卯 （51-55 歲）	戊 辰 （56-60 歲）
己 巳 （61-65 歲）	庚 午 （66-70 歲）	辛 未 （71-75 歲）	壬 申 （76-80 歲）

一、命局分析

　　1、癸水生巳月，財旺身弱，比星主財，運柱支亥為癸水帝旺之地。世柱干癸水為比星，主其祖上及父輩樂善好施，給命主積累了許多發財的因果。同時亥卯未合傷局，為忌化假，且運柱乙木為傷星為忌神，泄財。主其祖上亦給命主留下了許多宿世債務，需命主償還，故命主一生財來財去，世柱癸水緊臨年干，主命主乃富命。未為解神星，主江先生一生逢凶化吉。

事實：命主白手創業，一生不太計較金錢，常樂善好施接濟窮人，目前乃億萬富翁。此外，江先生為人低調，信仰因果律，尊重中華人善惡標準。同時也特立獨行，極具個性的面對人生。江先生一生大起大落，每每能逢凶化吉，安然渡過。正如命局運、世、年三柱所示。

2、全局只有世支未為官星，為癸水墓地且不透天干，故江先生不宜做官。

3、月柱丁巳，干支同氣，婚姻不美。丁為妻，居帝旺之地，主妻旺。丁為忌神，緊臨年干癸，主命主懼內，妻對命主傷害大。寅巳刑且巳為年之孤星，主一婚難以偕老。

事實：江先生三婚娶三妻，一生怕老婆。三任妻子給江先生造成巨大傷害。

4、庚為印星，主學歷。雖遠離年干癸，但長生在巳，主命主有學歷，但不高。

事實：江先生二流大學本科畢業。

5、亥卯未見巳為驛馬，主命主適應在外地發展，走南闖北變動多，辛苦。 癸水長生在卯，庚金長生在巳，故適合在東方和東南方發展。

事實：江先生是湖北人，走遍全球闖蕩十年，浪得虛名虛利，後定居廣州發展，終成富豪。

6、庚金長生在巳，父親強但遠離癸水，緣薄，對命主說明不大。 辛金藏巳中，居死地，主母親弱，對命主心心念念但說明乏力。亥卯未時局合甲木，為子星，甲祿在寅，命中四子，為忌化假，父子緣薄。癸水長生在卯，兄弟姐妹七人。

事實：父親在鄉里能幹，名望好，在中國最窮的時代養活五個兒子兩個女兒一大家人。母親地主出生，膽小怕事，全靠父親保護，乃一名賢妻良母。命主適逢嚴格的計劃生育政策限制，也先後育有五子。

7、命局癸長生在卯，丙長生在寅，庚長生在巳，丁帝旺在巳，巳為驛馬星，亦為孤星，三長生一驛馬，主命主身體健全，能抗打壓，經營事業，有生發之機。驛馬主財，能發財。孤星主孤，六親緣薄無助力。

事實：江先生身體健全，獨來獨往，不善交際，經歷大起大跌，但仍能站立前行。

8、丙火為財，為妻兄，亦代表丈人家，為忌神，主命主雖很照顧妻家，給予很多財物，但不討妻家喜歡。

事實：江先生很照顧妻家，幫助丈人家蓋別墅、送錢養老等。但常遭妻家歧視、傷害，不然也不會離異三次。

9、寅為癸水的天乙貴人星，主一生有貴人助。

事實：江先生一生跌宕起伏，為難時總有貴人相助渡過難關。

10、癸長生在卯（兄弟宮）主兄弟姐妹七人。

事實：江先生有四個哥哥、兩個姐姐。

11、木星祿刃在寅（子女宮）主子女五個。

事實：江先生生育有五子，寅巳刑，長子英年早逝。

二、運限分析

1、運柱乙亥，管江先生一至十五歲運勢。

乙為傷星，為忌神。亥卯未合甲木，為忌化假。寅亥合乙

太極命理

木，為忌化假凶，主糊塗，名聲不佳。巳亥沖，主傷害疾病。

事實：江先生一至十五歲家境貧窮，自然放養，身弱有病，開門辦學，勞動不積極，常受老師同學批評、嘲笑。江先生什麼想法都沒有，糊裏糊塗渡過，感覺是一生最幸福的時光。

2、世柱癸未，管江先生十六至三十歲運勢。

癸為比星，主財，吉。癸水長生在卯，有生發之機，吉。庚生癸，吉。主有印幫生，讀書上進，能考功名。亥卯未合甲木局，為忌化假，凶。主名不佳。未為墓庫，主凶災。癸（子藏癸水）亦為桃花，主江先生戀愛、婚姻事。

事實：江先生 1978 年考上縣重點中學，1980 年考上師範大學。大學期間因病休學兩年，浪迹江湖。認識一女孩，戀愛。1986 年任職教師、1988 年生子（一個討債的兒，2006 年英年早逝）。在此限運沒發財，但靠自己謀財，不缺錢花。

3、年柱癸卯，管江先生三十一至四十五歲運勢。

癸長生在卯，有生發之機，主吉。卯巳拱水庫辰土，主財。亥卯未化甲木，為忌化假，凶。丁帝旺在巳，主妻強悍。巳為孤神，婚姻難續。

事實：江先生 1993 年下海，創辦經紀公司、報社、食品公司、酒店公司等。因忙於事業，疏於家庭，1994 年離異，但財務狀態好轉。1995 年再婚，2007 年離異。

4、月柱丁巳，管江先生四十六至六十歲運勢。

癸水弱，但有庚金提供水源，丁坐巳地火旺。水火交戰，癸水壓力大，但終能勝火。巳為驛馬，主奔波，主發財，卯巳

拱辰，辰為水庫，主財大。巳為孤星，主孤獨。

事實：江先生 2010 年再婚，生育三子，母憑子貴，時常精神控制（PUA）江先生，江先生身心交瘁。但江先生帶着一子，憂鬱孤獨度日，赴海外創業，生意愈做愈大，躋身億萬富豪俱樂部，並出版學術專著。

5、丙寅，管江先生六十一至七十五歲運勢。

癸水天乙貴人在寅，主有貴人協助，生活平靜。

事實：江先生專心讀書、寫作，出版文學、易學等作品。

6、庚寅，管江先生七十六至九十歲運勢。

庚為印星，主名。寅為天乙貴人，主凡事有貴人相助。

事實：江先生晚年生活幸福。

三、歲運分析

1、丁巳（0-5 歲），丁為財星，為忌神，寅巳刑，主凶。巳卯拱辰，主癸水有根基。

事實：1966 年，丙午，火旺水弱，這年江先生患小兒麻痺症。

1967 年，丁未，未為解神星，主吉。這年江先生病癒，但身體弱。

2、戊午（6-10 歲），戊癸合火，為忌化假，凶。流年轉金水之地，無大礙。

事實：江先生不參加集體勞動，常被老師批評，同學恥笑。

3、己未（11-15 歲），己土生庚金，庚金生癸水，主吉。未為解神星，吉。

事實：1978 年，戊午，戊癸合丙火，為忌化假；午未合丙火，為忌化假，凶。這年江先生患皮膚病，學習無法集中精神。但七月庚申，印旺，江先生考上縣重點中學。

4、庚申（16-20 歲），庚為印星，居祿地申旺，為喜神，吉。乙庚合庚金，為喜化真，大吉。

寅巳申三刑，主凶。

事實：1980 年，庚申，歲運伏吟，吉凶參半。這年江先生考上省師範大學，學期中患雙腳腫病休學。

1981 年，辛酉，丙辛合水，為喜化假，吉凶參半。卯酉沖，主奔波。這年，江先生流浪江湖，賺錢治病。

1982 年，壬戌，壬為財，但丁壬合甲木，為忌化假，凶。卯戌合丁火，寅戌拱丙火。這年江先生繼續流浪，車站偶遇一女孩，緣至。在女孩的照顧下，病癒，下半年復學。

5、辛酉（21-25 歲），丙辛合水，為喜化假，吉凶參半。卯酉沖，變動大，巳酉合辛金，為喜化真，大吉。

事實：1983 年，癸亥，巳亥沖凶，亥卯半合甲木，為忌化假，寅亥合乙木，為忌化假，凶。戊癸合丙火，為忌化假，凶。緣散，這年，江先生和女友分手後無心讀書，混日子。

1984 年，甲子，子卯刑。子為桃花星、紅鸞星，這年江先生患盲腸炎住院開刀，遇一老鄉女孩，緣至。讀書不用功。

1986 年，丙寅，寅為癸的天乙貴人。亥卯未見寅為亡神星。丙辛合壬水，為喜化假。三寅孤獨守。這年江先生大學畢業，分配到中學任教師。父逝。遭女朋友家阻婚姻，女朋友墮胎。

1987 年，丁卯，癸長生在卯，丁為妻星，卯酉沖，

結婚。

6、壬戌（26-30 歲），丁壬合甲木，為忌化假，凶。卯戌合丁火，為忌化假，凶。寅戌拱午火，凶。

事實：這五年江先生一邊教學，一邊供養妻兒，辛苦奔波。

1988 年，戊辰，寅卯辰合木星局，為忌化假，凶。幸有巳辰拱辰土，散熱有功。流月甲辰，這月生兒子。

7、癸亥（31-35 歲），癸為比星，主財，巳亥沖，主變動。亥卯未合甲木局，為忌化假。寅亥破且合乙木，為忌化假，凶。癸亥反吟丁巳。

事實：1993 年，癸酉，卯酉沖。這年江先生辭職下海，創辦經紀公司，賺五萬元。

1994 年，甲戌，戌為大耗星，離異，兒子隨江先生生活。

1995 年，乙亥，亥亥自刑，巳亥沖，婚姻宮動，這年江先生又結婚，創辦報社，虧錢，自找麻煩。

8、甲子（36-40 歲），甲為傷星、為忌神，子為桃花、為紅鸞，子卯刑，主男女糾纏不清，子藏癸水，主財。

事實：1999 年，己卯，己生庚生癸，吉。子卯刑，凶。卯巳拱辰為財庫，這年江先生離開家鄉創業，創辦經濟開發公司。

2000 年，庚辰，乙庚合庚，為喜化真，大吉。子辰合壬水，為喜化假，吉凶參半。桃花合流年，情動，這年江先生財運好，婚外有情。

2002 年，壬午，子午沖，卯午破，子巳絕。寅午半合丁

太極命理

火局，為忌化假，凶。這年母逝（辛金絕）、子病（甲木破）。

9、乙丑（41-45歲），乙庚合庚，為喜化真，吉。乙丑拱酉，吉。丑為寡宿，以巳起太歲，丑為白虎星；以卯起太歲，丑為天狗星，主凶。

事實：2003年，癸未，印星庚生比星癸，主財。丑未沖，主變動，未為解神星。這年江先生到北京創業，賺了一桶金。因SARS疫情結束，又赴廣州創業，從此走上發財路。

2004年，甲申，甲處申絕地，兒子又患病，高燒四十多度達四十餘天，病癒，查不出病因。

2005年，乙酉，乙庚合金，巳酉丑合庚金，為喜化真，吉。卯酉沖，主變。江先生發大財。

2006年，丙戌，卯戌合丁火，為忌化假，凶。寅戌拱午火，凶。巳午未合丁火局，為忌化假，凶。丑戌未三刑，凶。丙為財為忌，主破財，但丑土、辰土散熱有功，寅為天乙星，主吉。

流月丙申，卯申暗合出庚金，為喜化真，吉。巳申合水，為喜化假，半吉半凶。寅申沖，主動。流日辛未，辛為卯，為喜神，未為解神星，亥卯未合甲木局。江先生情人生一子，但為忌化假，緣薄。

流月丁酉，丁火長生在酉，火旺，卯酉沖，凶。流日丁巳，伏吟月柱，旺火焚病木，江先生長子英年早逝。

這一年江先生家庭發生大地震，身心俱傷。

2007 年，丁亥，巳亥沖，婚姻宮動，寅亥合乙木，為忌化假，凶。亥卯合甲木，為忌化假，凶。江先生夫妻因兒女事離異。

10、丙寅（46-50 歲），寅為天乙星，但三寅半孤寡，丙為財星、為忌神，主破財。

事實：2008 年，戊子，戊癸合火，水火交戰，子巳絕，江先生患憂鬱症，無心經營公司，虧損。

2009 年，己丑，己生庚，丑為寡宿，江先生身體慢慢恢復，但一人居廣州，孤獨。公司漸有起色。

2010 年，庚寅，庚為喜神，寅為天乙星，江先生娶第三任妻子。

2012 年，壬辰，壬為喜神，主財。寅卯辰合木局，為忌化假，凶。但木為子星，壬水又生木，江先生喜添貴子。

11、丁卯（51-55 歲），癸長生在卯，主生機、發展。丁為妻星，病在卯，亥卯未合甲局，為忌化假，凶。

事實：2016 年，丙申，丙為財為忌，寅巳申之刑，卯申暗合庚金，為喜化真，吉。江先生攜妻赴美，喜添一子，但費用大。

2017 年，丁酉，丁長生在酉，主妻進財。卯酉沖，凶。江先生和妻子立財產協定，除公司外，全部財產劃歸妻子。

12、戊辰（56-60 歲），戊癸合火，凶，主破財。寅卯辰合木局，為忌化假，凶。辰害卯，主凶。辰為財庫，吉。

事實：2019 年，己亥，己亥沖，亥卯未合甲木局，為忌

化假；寅亥合木，為忌化假，凶。流月庚午，寅午半合火局，為忌化假，凶。流時丙申，寅巳申三刑。江先生因非法經營被抓。流月辛丑，辛為印為喜，亥丑拱子水，江先生判緩刑回家。

2020 年，庚子。庚為印星，為喜神，子為甲木沐浴之地，以巳起太歲，子為紫微星，主吉，以卯起太歲，子為貴神，主吉，子為紅鸞星，主吉，江先生又添一子。但子卯刑。妻生子，江先生不在家；2021 年，辛丑；2022 年，壬寅，均為喜神，江先生居家專心寫作。

13、己巳（61-65 歲），巳為驛馬星，又為孤星，江先生會重出江湖，一路孤旅。

人生未來不用問，日出東方往上升。
芝麻開花節節高，一步一步走鴻運。

全面論命運是件很複雜的工作，在實際論命中，首先要注意「是什麼人？問什麼事？」其次要注意「生剋、喜忌、運流、神煞」八字。

·生剋：辨天干生剋制化，地支刑沖破害、合拱飛絕算吉凶。

·喜忌：判命主旺弱、喜神、忌神算吉凶。

·運流：用十二運星、十二流星算吉凶。

·神煞：審吉神、凶煞算吉凶。

掌握了這個八字方針，你就可以做一個算命士了。本章討論的各種算命法並非是放諸四海而皆準的萬能方程式，這裏只是給讀者諸君提供一些算命的思考方式，這點至為重要。

第十一章

太極命理問答

為了把命學裏的一些問題討論清楚，本章採用問答的形式進行編寫。問，是命學愛好者在提出問題。答，是半桶水在解答。

問：人有命嗎？

答：命是大自然任何生命從生到死的一個定數。狗有狗命，花有花命，人當然有人命。

問：命能改嗎？

答：不能改。命是定數，狗命就是狗命，不能變成人命。花命就是花命，亦不能變成人命。在生命的存續期間，命是改不了的。

問：命有好壞嗎？

答：有的。古語云：「嬰兒三聲哭，一生命形成。」對人而言，離開母體，一聲啼哭，在不同的時空，吸入的五行能量不同，命就會不同，有強有弱。如同每個人的體質不一樣，命當然有千差萬別，壽元也不會一樣。「閻王要你三更死，不可留命到五更」說的就是這個道理。

問：命是定數，我們還能趨吉避凶嗎？

答：可以的。命不可改，但每個人的運是可以改變的。而運氣，在命理學的意思就是人把吸入口中的氣運往全身每個細胞之中。這裏有兩個問題值得研究：

1、你吸入了什麼氣？

2、你能把氣運到身體的每個細胞之中嗎？

如果你吸入了毒氣，就會中毒身亡；如果你吸入了「營養」之氣，你就會身強體健。如果你吸入的氣運不到某個地

太極命理

方，則這個地方就會患病。如果運不了氣，叫「斷氣」，則人就死了。

問：人們常說的命運指的是什麼？

答：命運是指命和運的合稱。

問：決定命運的有哪些因素呢？

答：宏觀而論，決定命運的因素有天、地、人三方面。

1、天：宗教信仰、文化基因等。

不同信仰的人，命運是不相同的。不同民族的人，文化基因不同，命運也不相同。

2、地：國家法律、地方法規。

不同國家法律不一樣，地方法規也不一樣。即使同一個地方的不同時期，法律法規也有不同。人在一個地方生活，遵守這個地方的法律、法規，命運當然好。否則會有牢獄之災。

3、人：人有三性。

（1）創造性

（2）自主性

（3）局限性

人是萬物之靈，可以創造許多東西。否則高樓大廈、萬家燈火從哪裏來？面對萬丈紅塵，人可以自主選擇。如職業，人可以選擇做官，可以選擇發財，可以選擇做學問當教授。當然，人也有局限性，並不能萬事如意。「出師未捷身先死」，人的局限也。因此「三分天注定，七分靠打拚」是人生的真實寫照，絕非虛言。

問：算命時應注意什麼？

答：計算命運實質上是一種占卜活動。占卦是占一事之疑問，占命是占人一生之際遇，本質上沒有什麼不同。古代先哲明確告訴我們，占卜有三個原則：無事不占、無疑不占、無誠不占。

因此占卜命運時，首先要求求測者誠實的交待測什麼事？有什麼惑？再代入命運方程式進行計算才準確。如有一對同父母的雙胞胎，命運方程式可能是一樣的，但人生際遇肯定不一樣，為什麼？因為出生有先後，以及性別和選擇不一樣。兄選擇做官，弟選擇發財。算命士不了解這些資訊，你怎麼計算命運？至於看到「癸未年，乙卯月，甲子日，己巳時」這個男八字，什麼都不問，就可以指出是民族英雄岳飛的四柱，這當然是「泰斗」的神技。「要想算命準，先要探求根」是算命真言。

問：坊間命局皆四柱，俗稱「算八字」，但太極命理是六柱，為什麼？

答：算命始於周朝，完善於唐朝。相傳宋朝徐子平先生改為日干為命元後，四柱算命就應運而生了。從此占卜命運就產生了許多歧義。各種門派自有一套，半桶水在這裏只是想向讀者諸君介紹個人多年習得之占卜命運的技術，而對於一些歧義之技不作理論探討。

據半桶水師父口授，一個完整的命局有九柱，分別為：運柱、世柱、年柱、月柱、日柱、時柱、胎柱、命柱、身柱。

胎柱：又稱「胎元」，起法如下。月干向前進一位，月支

向前進三位。如，月建丁巳，月干丁向前進一位為戊，月支巳向前進三位為申，則該命胎元為戊申。

師曰：　胎元起法記心中，生月干支要記清。

　　　　　　月干進一胎元干，月支進三支配成。

胎元是生命隱私宮，最忌犯刑沖破害、伏吟等。否則有重大災難或死人。

命柱：又稱命宮，起法如下。

師曰：　　　卯宮起正月，逆推到生月。

　　　　　生月落宮起子時，逆推到生時。

　　　　　生時落宮為命宮，生年遁干配。

　　　　　命宮是人生大本宮，調控人百事廢興。

例：辛亥 丁酉 丙午 癸巳

卯宮起正月寅，逆推到酉月為申。申宮起子時，逆推到巳時為卯，則卯為命宮支，年干辛遁到卯為辛，因命宮為辛卯。

身柱：又稱「身宮」，起法如下。

師曰：　　　酉宮起子年，逆推到申年。

　　　　　生命落宮起子日，逆推到生日。

　　　　　生日落支為身宮，生年遁干配。

例：辛酉 辛卯 己亥 丙寅

酉宮起子年，逆推到酉年為子，子宮起子日，逆推到亥為丑，則丑為身宮支，年干辛遁到干為辛，故辛丑為身宮。

西南地區一些民間算命士用四柱加胎、命、身七柱算命，半桶水有以下看法：

算命應有宏觀和微觀之分。能準確計算出求測者人生吉凶禍福，並給予適當解惑建議，已經功德無量了。沒必要計算得太微觀。正如測量月球到地球間的距離，沒必要精確到公里，測北京到海口的距離，沒必要精確到厘米一樣。故計算命運起伏，沒必要計算到三垣（胎宮、身宮、命宮在命學中稱為「三垣」）。

人生命運本來與宗教信仰、文化基因、國家法律、地方法規有關。故計算命運應該加上運柱、世柱。

邵康節先生著《皇極經世》，用元會運世描述宇宙生滅，稱一元＝十二會、一會＝三十運、一運＝十二世＝三百六十年、一世＝三十年。

《皇極經世》以元、會、運、世描述宇宙演化、生滅。半桶水認為元、會太宏觀，與人類命運有關，但與短短幾十年人生際遇沒多大關係。而運、世或較能代表人生命運的宏觀因素。一運有三百六十年，與中國朝代更替周期是不是較吻合？同樣的命局生活在唐朝或生活在清朝，命運會一樣嗎？一世有三十年，「三十年河東，三十年河西」，正應一世之周期。正如同樣的命局生活在文化大革命時代和改革開放的時代，命運就有機會會不一樣。

因此，計算命局應用運、世、年、月、日、時六柱計算。運柱、世柱為宏觀，年柱、月柱為中心，日柱、時柱為微觀。其中年柱為命元，月柱為運元，年柱、月柱承上啟下，上聯宏觀、下聯微觀，經半桶水實踐檢測，決定命運約有六成以上。

問：坊間起大運都是由月柱開始，但起法各不同，在算命時，該怎樣選擇？

答：據我所知，坊間起大運、論大運方法主要有如下三種：

1、以月柱為中心，陽男陰女順行，陰男陽女逆行，並且以出生日順逆到節氣計算起運時間。論運時有以下幾種說法：

 （1）一柱大運管十年，天干管五年，地支管五年，這就是「十年一大運，五年一小運」的來源。

 （2）一柱大運管十年。大運重地支，天干有三分影響力，地支有七分影響力等。

 （3）一柱大運管十年。大運重天干，天干有七分影響力，地支有三分影響力等。

2、以月柱為中心，陽男陰女順行，陰男陽女逆行，從月柱起零至五歲運氣，一柱大運管五歲，一柱一柱的看，着重看生剋制化。

3、以月柱為中心，陽男順行，陰女逆行，從月柱起零至五歲運氣，重在生剋制化，喜忌真假判斷吉凶，這也是本書介紹的論大運法。

至於算命時該如何選擇？半桶水認為什麼方法算得準就用什麼方法。據民間算命士說，原始的算命術本來就是以年柱為命元（年干代表命主，年支是太歲）以月柱為運元，用上述第三種方法推算大運的。後來改革以日元代命主，論大運方法就變得五花八門，讓人無所適從了。

經實際算命檢驗，半桶水建議使用第三種起大運、論大運法，讀者諸君可用自己熟悉的親朋好友驗之。

問：坊間算命都論小運，《太極命理》為何不論小運？

答：坊間論小運，方法太多了，主要如下：

1、以時柱為中心，陽男陰女順行，陰男陽女逆行，一歲一柱論小運吉凶。

2、以時柱為中心，男起丙寅順行，女起壬申逆行，一歲一柱論小運吉凶。

3、以月支起生年支，陽男陰女順行，陰男陽女逆行到流年支，流年循干配天干，以此干支論小運吉凶。

4、以命宮支起生年支，逆推到流年支，以流年干循干配天干，以此干支論小運吉凶。

5、以身宮支起生年支，逆推到流年支，以流年干循干配天干，以此干支論小運吉凶。

6、以胎元支起生年，順推到流年支，以流年干循干配天干，以此干支論小運吉凶。

此外還可能有其他論小運的方法。為什麼論小運的方法這麼多？依半桶水所見，算命時，不需要論小運。上述論法或許只是書上算命士閉門造車造出來的，唯一的功用是將學者引入迷宮，未必有實用價值。半桶水認為，在過去時柱很多不準，第一種第二種起法就不準。時柱不準，命宮則不準，身宮也可能不準，第四、五種起法也有機會不準。因孕婦有早產、晚產的現象，胎元不一定準，故第六種起法也可能不準。或者第三種起法沒有疑問，但至於在算命時有沒有實用價值，讀者可以檢驗之。

因此，半桶水認為，算命只論大運、流年即可，不需要論小運。故本書也不採用論小運之法。

問：算命學是用統計法歸納而來？還是用邏輯法推理而

太極命理

來？

答：半桶水認為，算命學是上古時代通陰陽的先生演繹而來。

早在周朝，就有姜太公七星算命法，現在也有民間算命士用此法為人算命。那時交通不發達，接觸之人有限，怎麼可能歸納出系統命理學？半桶水認為，學習命理學，應該着重在學懂命理理論，千萬不要相信所謂的秘笈、公式等，才能成為一個真正的算命士，為人趨吉避凶。

問：《太極命理》論六親很簡單，坊間論六親很複雜，請先生談談其區別。

答：六親，是指內五代人口和外三系人口，多達數十人。關於六親星，坊間說法是根據子由母出，夫妻剋合的原理來定義的。

一、財星

男女同稱：陽干，是父親、伯叔、姑公、姨夫、舅父、舅表兄弟。陰干，是姑媽、兄嫂、弟媳、舅表姐妹。

男專稱：陽干，是內兄弟。陰干，是妻妾、姨姐妹。

女專稱：陽干，是外孫兒。陰干，是婆婆、外孫女。

二、官星

男女同稱：陽干，是舅公（外婆弟兄）、姐夫妹夫、姑表兄弟。陰干，是外婆、舅婆、姑表姐妹。

男專稱：陽干，是兒、侄兒。陰干，是女、侄女。

女專稱：陽干，是丈夫、夫弟兄。陰干，是兒媳婦、夫姐妹。

三、印星

男女同稱：陽干，是祖父、舅父。陰干，是母親、伯母、叔娘、姑婆、姨媽。

男專稱：陽干，是岳父，外孫兒。陰干，是外孫女。

女專稱：陽干，是女婿、孫兒。陰干，是孫女。

四、比星

男女同稱：陽干，是姑父、弟兄、姨表兄弟。陰干，是舅婆姐妹、姨表姐妹。

男專稱：陽干，是連襟弟兄。陰干，是兒媳。

女專稱：陽干，是公公。陰干，是妯娌。

五、傷星

男女同稱：陽干，是外公、舅公（祖母弟兄）、孫兒。陰干，是祖母、舅娘、孫女。

男專稱：陽干，是女婿、外侄兒。陰干，是岳母、外侄女。

女專稱：陽干，是兒、侄兒。陰干，是女、侄女。

從上面五星代表六親來看，太複雜了。在半桶水的實踐上，推算的也不太靈驗。如男命正財為妻，也為兄嫂，也為弟婦；如無正財，偏財也為妻，也為父，也為叔父……恐大被同眠了。

在現代社會，影響命主命運的六親，主要是父母、夫妻、兄弟、子女，其他六親關係影響不大，故本書只關注父母、夫妻、兄弟、子女，並統一規定：不分男女命造，我生者為子女（陽為子，陰為女），同我者為兄弟姐妹（陽為兄弟，陰為姐

妹），我剋者為妻及情婦，剋我者為夫及情夫。

在社會上，人際關係對人的命運影響很大，半桶水在《太極命理》中採用的這種規定，拓展到人際關係上（廣義六親）就是長輩、平輩、下輩，應用起來也簡明扼要，十分準確。如如下表（不分男女命造）：

印星	陽干：父、伯、叔、岳父、長輩……
	陰干：母、姨、姑、公婆、長輩……
比星	陽干：兄弟、表兄弟、同事、朋友……
	陰干：姐妹、表姐妹、同事、朋友……
傷星	陽干：兒子、侄兒、晚輩……
	陰干：女兒、侄女、晚輩
官星	陽干：夫、情人（女命）
財星	陰干：妻、妾（男命）

表 11-1

古法算命，印星為恩星、比星為友星、傷星為愛星、官星為仇星、財星為怨星。這正反映了真實的六親關係。生我者有恩於我，故為恩星；我生者要倍加愛護，故為愛星；兄弟姐妹是朋友，故為友星；夫妻乃你剋我、我剋你，愛恨情仇關係，故為仇星、怨星。

其實，看六親關係，除了看星，還要看宮，叫星宮同參。

坊間六星宮位，也眾說紛紜，主要有兩種規定：如下兩表：

一、男女命同

年柱	月柱	日柱	時柱
○	○	本人	○
祖輩	父母	夫妻	子女

表 11-2

二、男女命同

年柱	月柱	日柱	時柱
祖父	父	本人	子
祖母	母	配偶	女

表 11-3

太極命理

《太極命理》的用法，可說是符合六親關係實際情形的，如下表：

世柱	年柱	月柱	日柱
父母	兄弟	夫妻	子女
16-30 歲	31-45 歲	46-60 歲	61-75 歲

表 11-4

「吾十五而志於學，三十而立，四十而不惑，五十而知天命，六十而耳順。」恰巧描述了人生的重要階段：

十六至三十歲是人生學習階段，離不開父母的照顧支援，父母好，命主好。父母差，命主無依無靠。故世柱為父母宮。三十而立，和父母分家，自己獨立，同時，兄弟姐妹亦各自獨立。二十 至四十五歲，二觀相同的兄弟姐妹緣份深，相親相扶。三觀不同的兄弟姐妹緣份薄，從小是兄弟，長大各鄉里。故年柱為兄弟宮。中年喪妻，老年喪子，是人生大悲大慘之事。 故月柱為夫妻宮，時柱為子女宮。

這裏還有幾點需要說明：

1、人生一至十五歲，半桶水的意見是應自然放養，其健康、疾病甚至夭折，均由祖宮決定。換句話說，是由祖先因果決定的。現在流行「胎教」、「不讓孩子輸在起跑線上」等等，半桶水認為均是忽悠之語，為了一個「錢」字。

2、在婚姻方面十六至三十歲，無論男女，均可能已婚嫁。在古代是父母之命，媒妁之言，也有退婚的，也有休妻死夫的。在現代，早婚早離、快婚快離幾乎成了正常狀態。但這

個階段的婚姻雖然對人生產生一定影響，但沒有「中年喪妻」影響大，故月柱為婚姻宮合理。

3、坊間以日柱看婚姻，半桶水認為其實是種誤解。日柱主看子女，為子女宮。夫妻的婚姻狀態對子女有沒有影響？有，影響非常大。婚姻是有遺傳的，父母婚姻好，子女的婚姻一般會很好。父母離異，子女大概率會離異。妻強夫弱，大概率女強子弱。夫強妻賢，大概率子強女賢。因此，與其說從日柱看婚姻關係，還不如說從子女婚姻狀態反觀父母婚姻狀態。

問：坊間有十神，包括正印、偏印、比肩、劫財、食神、傷官、正財、偏財、正官、偏官，《太極命理》為何只取五星？

答：十神是由五星分陰陽而出，同性五行相生剋為偏神，異性五行相生剋為正神。如甲木，壬水、癸水生甲木，均為印星。分陰陽後，壬水生甲木(陽生陽)為偏印，亦稱「梟神」。癸水生甲木(陰生陽)為正印。由於部分坊間命學家以日干為命元計算人生命運，陰陽不分，於是產生十神，經半桶水實驗後發現不太準確。關於正印為母、偏印為繼母；什麼正財為父，偏財為繼父；什麼正官為夫、為文官，偏官為情人、為武官等說法，半桶水建議讀者仍須認真思考一下，例如母親、繼母未必要分清。因為社會上有母親善、繼母惡的，也有母親惡、繼母善的。做官的人，前幾年做文官，後幾年做武官，因此此人是文官還是武官也未必分得清。

據半桶水考究，在古代算命士算命只取五星五格，而不是後來坊間流傳的十神十格。 經半桶水實踐所得，在《太極命理》用五星五格的古命理學書中建議採用的學理。

問：在算命時，怎麼應用十二流星？

答：十二運星和十二流星是算命時的一種獨立的語言系統。十二運星用法很明確，命學界基本是統一的。但十二流星用法很多，主要有以下幾項：

1、以生年支起太歲，按表 11-5 的順序，順數至流年，看逢到什麼流星，據此評斷吉凶。

神煞	太歲	太陽	喪門	太陰	鬼符	月德	大耗	紫微	白虎	神煞	天德	天狗	六害
吉凶	小凶	吉	凶	吉	中	中	凶	小凶	凶	吉凶	吉	中	小凶

表 11-5

2、從流年支起太歲星，按表 11-5 順序順數到生年太歲支，看逢到什麼星，據此評斷吉凶。

3、從流年支起太歲星，按表 11-5 順序，順數到命宮，看逢到什麼星，據此評斷吉凶。

4、從流年支起太歲星，按表 11-5 順序，順數到身宮，看逢到什麼星，據此評斷吉凶。

5、從年上起月，月上起日，日上起時，得出年、月、日、時四個星。年星為壓運星，月星為串宮星，日星為守護星，時星為巡門星。據此判斷一年吉凶。例如：1969 年農曆七月十五日巳時出生的人。

（1）以酉起太歲到卯，為大耗星，大耗就是命主2023年的押運星。

（2）命主出生在七月，那就從大耗開始順數七位，為太歲，這個太歲就是該人2023年串宮星。

（3）命主出生於十五日，那就從太歲開始，順數十五位，為喪門星，這個喪門星就是該人在2023年的守護神。

（4）命主出生在巳時，從子時開始到巳時共六位，子時為喪門星，順數六位是紫微星，這個紫微星是該人在2023年的巡門星。

這樣就得出命主在2023年的年神星為大耗星，月神星為太歲星，日神星為喪門星，時神星為紫微星，據此四神評判該人在2023年吉凶狀況。

6、盲師串宮押運法（此法比較複雜，坊間盲派命理書籍有詳細介紹，盲派和太極命理並不一樣，這裏不介紹）

《太極命理》恢復以年柱為命元，月柱為運元後，半桶水經過三十餘年的研究和檢驗，應用十二流星算命，認為應該：

（1）以生年支起太歲，順數至流年、流月、流日、流時，看逢到什麼星，據此評判流年、流月、流日、流時吉凶。

（2）以生月支起太歲，順數至大運，看是什麼星。據此二星評判大運吉凶。

問：在算命時，怎麼應用神煞？

答：神煞是吉神和凶煞的統稱。吉神代表吉，凶煞代表

太極命理

凶，並不是存在什麼神和魔鬼。命理學中的神煞只是算命中的一種語言系統。

命理學傳承幾千年，發明的神煞很多，有幾百種之多，也有命師認為十二運星、十二流星亦屬神煞之列。坊間有專門用神煞算命的書籍，讀者可自行研究。但在半桶水的實踐中，大多數神煞有時準有時不準，不具有通用功能。也許是歷代命師根據自己的經驗各自設定的。但是算命無非是：

1、討論天干與天干的關係

2、討論地支和地支的關係

3、討論天干和地支的關係

4、討論干支與干支間的關係

半桶水認為，如果神煞反映的是上述四種關係，是應該可以接受的。如天乙星反映天干和地支的關係，驛馬星反映地支和地支的關係，伏吟煞、反吟煞反映干支與干支之間的關係等。因此《太極命理》收錄了經過實踐檢驗後較為準確的一些神煞，作為算命時的一種手段。

問：雙胞胎運氣一樣嗎？

答：雖然雙胞胎是同運、同世、同年、同月、同日、同時生的，大運、流年都是一樣的，但是運氣是肯定不相同的，其理由如下：

1、雖然雙胞胎是同時生的，但總有先生、後生之別。 在命局中，代表老大和老二的天干不一樣。老大的天干用生年干代表，老二的天干用運柱、世柱、月柱、日柱、時柱天干或六柱地支藏干代表，位置不同，當然運氣不一樣。

2、雙胞胎的性別以陽干代男性，以陰干代女性。雙胞胎是兄弟、是姐弟，其弟是同類陽干；雙胞胎是姐妹、是兄妹，其妹是同類陰干。代表其弟、其妹的天干陰陽不同，當然運氣不一樣。

3、雙胞胎成人後選擇職業、婚配、居住地等等不一樣（人有自主性），運氣當然不一樣，所以算命時先要問清楚基本資料和資訊。

問：親星遊走是怎麼回事？

答：論六親，要星宮同參。從星的喜忌看緣份深淺，從宮的刑剋看聚離死別。星有在宮不在宮之別，如夫星或妻星在婚姻宮（月柱）叫「星在宮位」，如在其他宮位，叫「星不在宮」，或叫「親星遊走」。

親星遊走又分內部遊走和外部遊走。

內部遊走是指親星遊走到其他宮位的地支，主此人經常不在家，常有小別。但過一段時間又回來。如經常出差等。

外部遊走是指親星遊走到其他天干宮位，主緣薄，代溝大，不戀家，長久分離等。如夫星外部遊走的女命，她的丈夫除了出差遠行之外，即使不出差，也喜歡獨自在外玩，甚至退休後寧願出去看人下棋，也不願留在家裏陪老伴。

命局親星在位，還要看喜忌。若為喜神，常相聚而親情深厚；若為忌神，情薄，相對無言相處。

問：暗合主偷情嗎？

答：是的。暗合是指地支主氣相合，如申卯合。陰木在天干為乙，在地支為卯。陽金在天干為庚，在地支為申，故地支

太極命理

卯申，等於天干乙庚合。不過乙庚合是明合，卯申合是暗合。明合是公開的，大家都看得到。暗合是偷偷進行的，可用來看婚姻關係。例如某女士命局如下：

○ ○ ○ ○ ○ ○
○ ○ ○ 午 亥 ○

這是一個真實的命盤，此女為一音樂老師，星海音樂學院畢業。午亥暗合，且合在婚姻宮（月支）和子女宮（日支）。此女十六歲戀愛至二十四歲嫁人時，已換九任男友，外人均不知情。婚後和某高官婚外情幾年。高官其後倒台，導致事發離婚。離異後嫁一富商，仍和前夫往來，一妻二夫，肯定有煩惱。某日來找半桶水算命，被道破玄機，她也承認。外人從表面怎麼看，她都是一位漂亮、聰明、賢慧的女士。

問：學習命理有什麼現實意義？

答：這個問題太大。坊間有各種各樣方式滿足「有所求」，如求官、求財、求子、求婚等和「有所解」，如解災、解病等，一句話叫「改運」。其實對改運而言，求神拜佛、請風水師傅擺這擺那，半桶水認為可能都不切實際，無補於事。那麼，我們學習命理的意義是什麼呢？半桶水用近三十年的實踐研究，總結了三句話，說明學習命理的意義。這三句話是：科學生育，提高人口素質。積極心態，挑戰風雨人生。趨吉避凶，演繹幸福生活。

茲分別說明如下：

一、科學生育，提高人口質素

科學生育包含優生和優育兩方面。

1、優生

人口的繁衍，幾千萬年了，都是自然孕生，孩子出生後，是聰明還是愚昧？是健康還是帶有殘疾？是平安成人還是早夭？……等一系列的問題均由命運掌控，半點不由人。科學孕生是指運用命理學選擇優質的年、月、日、時孕生孩子，達到提高人口素質的目的。因為只有優孕才能優生。只有優孕優生才有可能優育。

（1）優孕

人生命運由運、世、年、月、日、時干支控制。在命局中運、世基本上無法選擇，但年、月、日、時是可以選擇的。優孕主要是選擇優質的年柱和月柱出生。

女人懷孕的方式有兩種：

A、性行為。可以選擇優質的年、月進行性行為。

B、人工受孕。現在科學技術發達，可採用人工受孕的方式懷孕，甚至可以將受精胚胎冷凍數月或數年，再植入女性生殖系統而生長。這裏要說明的是：將受精胚胎植入母體內那個月才是孕月，而不是形成胚胎的那個月。很多事，無法解釋，針對自然孕育而言，有人說，人工懷孕有違天規等等，半桶水認為：既然上天讓人類發明了人工受孕技術、剖腹產子技術，那麼應用這些技術孕生孩子也是符合自然之道的，因此是可以應用的。

命局六柱，年柱和月柱的優與劣是根本。其中生年如皇帝，兼管三十至四十五歲。生月如宰相，兼管四十六至六十歲。生年干支、生月干支力求素質優良，這對人生的榮辱興衰是能起調控作用的。

選擇好出生的年柱、月柱，逆推十月就是母親的受孕月。因此，優孕的工作實際上有兩項：

A‧確定出生的年柱、月柱。

B‧確定受孕的年柱、月柱。

確定出生的年柱、月柱的原則如下：

- 年干逢月支旺態（比旺格、印旺格），吉。經半桶水實踐檢驗，印旺身旺格局是最吉祥的格局。
- 年干逢月支弱態（財旺格、官旺格、傷旺格），年干坐年支比星、印星，吉。年干坐年支財星、傷星、官星，不吉。尤以逢月支官星、坐年支官星最不吉祥。
- 月干為喜神，吉。月干為忌神，不吉。
- 年月逢合，為喜化真，吉。為忌化假，凶。
- 年、月地支，不能刑、沖、破、害。
- 年、月地支互看有驛馬星、紅鸞星、天喜星、解神星，吉。年干、月干有天乙星，吉。
- 年支、月支互看不能犯孤寡煞、孤殘煞、華蓋煞、空亡煞。
- 年柱、月柱不能犯伏吟、反吟。
- 年柱、月柱不能同時為思繁煞。
- 年干逢月支，十二運星不能為衰星運。少年逢衰運，魔鬼進家門。

根據以上原則確定出生的年柱、月柱後，根據出生月逆推，第十個月即為受孕月，也就是根據月柱推胎元（天干進一位，地支進三位）。確定受孕月後，再確定受孕年。或在出生年當年，或在出生年前一年。

（2）優生

優生是指選擇優質的日柱和時柱出生。女人生產孩子的方式也是兩種：

A・自然生，把命運交給孩子選擇。

B・剖腹產子，配合運柱、世柱、年柱、月柱，選擇優質的日柱和時柱，形成優質的人生命局。

確定日柱、時柱與運柱、世柱、年柱、月柱形成命局的原則如下：

・天干坐地支，多長生、冠帶、帝旺多者，吉。

・天干順次相生，吉。

・年干逢月支旺態，天干無印星、年干逢月支弱態，天干有印星，吉。

・天干合，地支六合、八合，為喜化真，大吉。

・天干，尤其年干有天乙星，吉。

・地支犯刑、沖、破、害、絕，凶。

・命局有驛馬星、紅鸞星、天喜星、解神星，吉。

・命局犯伏吟、反吟，凶。

・命局犯孤寡煞、孤殘煞、華蓋煞、空亡煞等凶煞，凶。

・命局六柱有兩柱以上犯思繁煞、沖敗煞，凶。

・命局六柱有三柱以上天地交戰之柱，凶。

・時支不宜選擇辰、戌、丑、未四墓時。

半桶水註：

　　判斷五行旺弱，有三個字：逢、坐、居。天干對月支稱「逢」，天干對同柱地支稱「坐」，地支藏干對同柱地支稱「居」。

太極命理

例如：

○　○　辛　辛　己　○

○　○　酉　卯　亥　○

年干辛逢卯月，日干己逢卯月。

年干辛坐酉支，日干己坐亥支。

年支藏干辛金居酉支，庚金居酉支；月支藏干甲木居卯支，乙木居卯支。

天干逢月支印星、比星，第一旺；天干坐地支印星、比星，第二旺；地支藏干居月柱地支印星、比星，第三旺。

五行之弱，同理推之。

2、優育

孩子出生後就是養育了。現在社會上有很多養育孩子的理論和方法，如胎教、興趣培養、親子活動等等。半桶水認為，與其說是優育孩子，不如說是扼殺孩子天性。事實上，孩子在十五歲之前，最重要的是身心健康成長，學會基本生活技能，如洗衣、做飯等。人生風雲，起起落落，是一個漫長的馬拉松運動，從命理學上來分析，運柱管一至十五歲孩子的健康、聰明等，由祖宗遺傳及累世因果決定。世柱管十六至三十歲孩子的學業、職業等，與父母的教育照顧有關，起跑線或一時的輸贏根本不是一個問題。而年柱是命元，年干代表命主，年支代表太歲，太歲乃年中天子，是不可冒犯的。即流年支不可與太歲刑、沖、破、害和伏吟。因此，作為父母，尤其要注意孩子(三歲、六歲、九歲、十二歲、十五歲)的健康問題(身體健康和情緒變化)。因為這幾年流年、太歲和生年支均有刑、沖、

破、害和伏吟，俗稱「犯太歲」。至於興趣愛好、成績好壞、以後成龍成鳳等不是很重要的。現在一些父母逼孩子學這學那、爭做第一，逼得孩子們壓力山大、苦不堪言，甚至發生孩子自殺的悲劇，真是令人扼腕嘆息！

> 三歲一道坎，友誼風吹揚。
> 六歲一面牆，孩童上學堂。
> 九歲分陰陽，男女不一樣。
> 十二求平等，不做奴才相。
> 十五追夢想，立志做棟樑。
> 父母做榜樣，孩子健康長。

二、積極心態，挑戰風雨人生

「個性決定命運」，這句話真實不虛，很有道理。坊間命理書有各種各樣研究人的個性的方法和理論。有用天干旺弱描述個性的，有用五星喜忌描述個性的，甚至有用儒家仁、義、禮、智、信描述個性的……但這些對個性的研究，半桶水認為，要麼語焉不詳、結論不明確，要麼牽強附會，結論或多謬誤。如木主仁，木旺則個性仁義就可能很牽強。試看有純仁義之人嗎？其實每個人都是一個鮮活的生命，時而仁，時而不仁。如果太仁，這萬丈紅塵容不下他，他可能會英年早逝。如果太不仁，這世俗世界也容不下他，則有機會招來殺身之禍。人是時善時不善的。其實，根據《太極命理》所載，半桶水認為人的個性只有剛、平、弱三種。

那麼，人的個性由什麼決定的呢？

半桶水幾十年研習命理，也是百思不得其解。一天，給一名在獄中生活了十年，剛從監獄出來的劉先生算命，他對我講

述了他的一些事情，並說他的性格變化很大，由狂傲自大變成了謙虛自卑。我才猛然醒悟，人的個性由心態決定。

什麼是心？

心是人的魂、靈、神。但半桶水認為，在命學家看來，心是一個太極，是陰陽統一體。個性由心而生，由心而變。心態即是心存在的狀態，有積極心態和消極心態兩種。

具有積極心態的人，陰陽平衡、五行中和、個性平衡。具有消極心態的人，陰陽失衡、五行失和，其個性太剛強或太軟弱。個性太剛強容易做英雄，但英雄或壽短。個性太軟弱的容易做奴隸，一生太苦。個性平衡的人不剛不柔，時剛時柔，才能挑戰風雨人生。因此，我們可以通過培養積極的心態來調整我們的陰陽五行，養成平衡的個性，改變我們的命運。

積極心態像太陽，照到哪裏哪裏亮。消極心態像月亮，初一十五不一樣。這句話形象化地告訴我們一個道理，積極心態就是凡事往光明的或好的方向思考，消極心態就是凡事往陰暗的或壞的方向思考。世界在變化，人的一生會經歷很多事情，其實發生了什麼事情並不重要，重要的是你以什麼心態看待這件事。如A小姐離婚了，這件事不重要了，因為這件事過去了。但怎樣看待這件事，對A小姐現在及未來的生活會影響很大：

1、他忘恩負義，在我人老珠黃的時刻拋棄了我……

2、他太好了，又給了我一次戀愛結婚的機會……

讀者諸君，A小姐這兩種心態對她現在或未來的生活的影

響及結果會是一樣的嗎？

命理學在本質上是一種陰陽五行平衡學，命局、歲運掌握人生際遇。平衡是相對的，不平衡才是絕對的。所以人生才有悲歡離合、起伏跌蕩。在平衡和不平衡中，一個有效的辦法是培育我們的積極心態，使陰陽五行趨於平衡，從而改變我們的運氣。

那麼，怎樣培養我們的積極的心態呢？

1、鴻運當頭時，要有憂患意識，凡事留有餘地。

2、時運不濟時，要韜光養晦，把光芒內斂，積蓄力量，十分忍耐，以待時運好轉。

3、厄運當前，要明白堅持的意義。像鐘表一樣，每秒擺動一下，腳踏實地做好每天的工作。

4、無欲無求。俗話說：「煩惱皆因強出頭。」做人應該這樣：「貴」求不到，轉而求「富」，「富」求不到，轉而求「名」，「名」求不到，那就放下凡心，安於平淡。當然，無欲無求的境界實在是一個很高的境界，但以平常心對待，人生亦幸福。

5、感恩生活中的點點滴滴。世事變幻，好事可變壞事，壞事也可以變好事。無論好事或壞事，心存感恩必吉祥。

三、趨吉避凶，演繹幸福生活

易曰：「吉凶悔吝始於動」。人的吉凶禍福都因陰陽五行運動變化而引起。純陽不生，純陰不長。五行太旺或太弱則凶，五行中和則吉。因此，所謂趨吉避凶就是調整歲運陰陽五行，使命局趨於陰陽平衡，五行中和。有位命士說：「能陰能陽，不為陰陽所拘，是為神！」這充分說明，調控陰陽五行是

太極命理

件很難的工作，所以民間趨吉避凶的辦法多如牛毛。有信仰宗教、求神拜佛賜恩的，有巫術符咒、通過靈界解災的，有調理風水、通過居住環境改運的……半桶水認真研究實踐，得出一個結論：人際關係、衣食住行是影響人運氣的重要因素。 所以，調整人際關係，選擇衣食住行才是趨吉避凶的較直接、較有效的方法。

1、調整人際關係

論六親時，《太極命理》只重視父母、兄弟、夫妻、子女對命主命運的影響，也就是只重視上輩、平輩、晚輩對命主命運的影響。將六親關係擴充到社會關係，儘管人的一生會遇到形形色色的社會人士，但是仍然可以將各種各樣的社會人士分為三類：上輩、平輩、下輩或者是上級、平級、下級。站在命主的立場，這三類人又可以分為三種類型：

(1) 益友型：幫助命主的人。

(2) 損友型：損害命主的人。

(3) 普通型：不益不損命主的一般關係人。

在人際關係上接近益友型的朋友，遠離損友型的朋友，就可以達到趨吉避凶的目的。下列原則可供選擇益友型朋友：

(1) 以兩個命局年天干互看，有天干甲己、乙庚、丙辛、丁壬、戊癸五合者。

例一

命局 1

○○乙○○○

○○丑○○○

命局 2

○○庚○○○

○○申○○○

命局 1 年天干乙木和命局 2 庚金合。益友型。

（2）以兩個人命局年柱互看，一個人年支是另一個人年干的天乙星或互為天乙星者。

例二

命局 3　　　　　　　　　命局 4

○○癸○○○　　　　　　○○壬○○○

○○卯○○○　　　　　　○○寅○○○

命局 3 年支卯是命局 4 年干壬的天乙星，命局 4 年支寅是命局 3 年干癸的天乙星。益友型。

（3）以兩個人命局地支互看，有地支六合（年支六合為重）、八合者。

例三

命局 5　　　　　　　　　命局 6

○○乙○○○　　　　　　○○丙○○○

○○丑○○○　　　　　　○○子○○○

命局 5 年支丑和命局 6 年支子六合。益友型。

例四

命局 7　　　　　　　　　命局 8

○○戊○乙○　　　　　　○○○甲○○

○○辰○卯○　　　　　　○○○寅○○

命局 7 地支辰、卯和命局 8 地支寅三合方局寅卯辰。益友型。

（4）以兩人命局年地支、月地支互看，有紅鸞星、天喜星、解神星、桃花星、紫微星、天德星者，但犯刑、沖、破、害、鰥寡煞者除外。

例五

命局 9　　　　　　　　命局 10

○○○丙○○　　　　　○○○丁○○

○○○辰○○　　　　　○○○亥○○

　　命局 9 月支辰和命局 10 月支亥互為紅鸞星。益友型。

例六

命局 11　　　　　　　命局 12

○○壬○○○　　　　　○○己○○○

○○寅○○○　　　　　○○丑○○○

　　命局 12 年支丑與命局 11 年支寅互為紅鸞星，但丑是寅的寡婦星。損友型。

（5）以兩個人命局年柱互看，一個人年支是另一個人年干長生星，或年柱互為長生星者。

例七

命局 13　　　　　　　命局 14

○○丁○○○　　　　　○○辛○○○

○○巳○○○　　　　　○○酉○○○

　　命局 14 年支酉是命局 13 年支丁火的長生星。益友型。

（6）以兩個命局月支互看，月支六沖者（月支相沖，喜忌神互補）。

例八

命局 15　　　　　　　　命局 16

○○○丙○○　　　　　○○○甲○○

○○○寅○○　　　　　○○○申○○

命局 15 月支寅和命局 16 月支申相沖。益友型。

有下列原則可識別損友型朋友：

（1）以兩個人命局年干互看，天干相剋者。

例九

命局 17　　　　　　　　命局 18

○○庚○○○　　　　　○○甲○○○

○○辰○○○　　　　　○○午○○○

命局 17 年干庚金剋命局 18 年干甲木。損友型。

（2）以兩人命局年柱互看，一個人年支是另一個人年干絕望星者。

例十

命局 19　　　　　　　　命局 20

○○己○○○　　　　　○○丙○○○

○○亥○○○　　　　　○○寅○○○

命局 19 年支亥是命局 20 年干丙火絕望星。損友型。

（3）以兩命局年月地支互看，犯刑、沖、破、害者。

例十一

命局 21　　　　　　　命局 22

○○乙○○○　　　　○○己○○○

○○酉○○○　　　　○○酉○○○

　　命局 21 年支酉和命局 22 年支酉犯自刑。損友型。

例十二

命局 23　　　　　　　命局 24

○○○戊○○　　　　○○○己○○

○○○戌○○　　　　○○○未○○

　　命局 23 月支戌和命局 24 月支未犯三刑。損友型。

　　（4）以兩個人命局年柱、月柱地支互看，有華蓋煞、空亡煞、鰥寡煞、孤殘煞、勾絞星者。

例十三

命局 25　　　　　　　命局 26

○○乙○○○　　　　○○己○○○

○○卯○○○　　　　○○未○○○

　　命局 26 年支未是命局 25 年支卯的華蓋煞。損友型。

例十四

命局 27　　　　　　　命局 28

○○○庚○○　　　　○○○己○○

○○○辰○○　　　　○○○丑○○

　　命局 28 月支丑是命局 27 月支辰的寡煞。損友型。

（5）以兩個人命局年柱互看，犯反吟煞者。

例十五

命局 29　　　　　　　　命局 30

○○庚○○○　　　　　○○丙○○○

○○寅○○○　　　　　○○申○○○

命局 29 年柱庚寅和命局 30 年柱丙申反吟。損友型。

半桶水認為，從古到今，人們常說的一見鍾情、一見如故、第一感覺很好，就是在人群中遇到了益友型的朋友。相反，一見厭惡、不想再看、第一感覺很差，就是在人群中遇到了損友型的朋友。而普通型的朋友是指不即不離，淡淡相交的君子朋友。所以，在人際關係中很容易大致判斷朋友類型。親益友，遠損友，趨吉避凶。當然重要的人際關係，半桶水還是建議各位找資深的算命士諮詢意見。

最後要說明的是，如果兩人命局既逢吉星，又逢凶煞，如例六，子卯互為紅鸞星，又子卯相刑，這類人相逢吉凶參半，以凶結束。如為異性，甜言蜜語，笑裏藏刀。如為同性，虛情假意，綿裏藏針，應格外引起注意。

2、選擇衣食住行

坊間算命士均云：某人命局缺哪個五行，起名字時要用具體什麼五行的字，補充命局所缺之五行，以改變運氣等等。半桶水認為未必準確。其實一個完整的命局，陰陽十天干必須齊全。不管是在天干，是在地支，還是在地支藏干裏。道理很簡單，十天干代表人之臟腑，如缺一個天干，意味着缺一臟腑，請問：人缺臟腑還能活嗎？

命局雖然不缺五行，但在命局中五行有強弱之分，在歲運中也有強弱之分，太強、太弱都會導致凶運，只有五行中和（差不多）才有吉運。故趨吉避凶實質上是對五行扶弱抑強的工作。在生活中，五行木、火、土、金、水，可以通過顏色、形狀、方位來反映。故人在生活中穿什麼？吃什麼？住什麼？行走工具是什麼？都對五行有很大的影響，也就是對我們的運氣影響很大。

（1）顏色

　　物質的顏色是由物體對白光各個成分進行選擇性的吸收及反射的結果。在大自然呈現出藍天白雲、綠水青山、萬紫千紅的美麗景色，在五行上各有顏色不同。如下表：

五行	顏色
木	青色、綠色
火	紅色、紫色
土	黃色、啡色
金	白色、銀色
水	黑色、藍色

表 11-6

五行講求平衡，不同顏色的食物、衣飾，可以調整歲運中旺弱不同的五行，使人們的五行氣場保持均衡，達到運氣好的目的。

　　（2）食物

　　食物五行與顏色，如下表：

五行	顏色	食物
木	綠色	白菜、椰菜、菠菜等
火	紅色	蕃茄、紅椒、紅蘿蔔等
土	黃色	橙、南瓜等
金	白色	洋蔥、大蒜、桃子、鴨梨等
水	黑色	黑豆、黑芝麻、藍莓等

表 11-7

　　以食物調整五行的原則是：在命局中喜神是哪幾種五行，多吃該五行的食物。忌神是哪幾種五行，少吃該五行的食物。

　　（3）衣飾

　　衣飾的五行色彩搭配有相剋、相生兩種。如下兩表：

五行相剋	顏色搭配
火剋金	紅色、白色
金剋木	白色、綠色
木剋土	綠色、黃色
土剋水	黃色、黑色
水剋火	黑色、紅色

表 11-8

五行相生	顏色搭配
火生土	紅色、黃色
土生金	黃色、白色
金生水	白色、黑色
水生木	黑色、綠色
木生火	綠色、紅色

表 11-9

選擇衣飾的原則是：

A、選擇命局中喜神的顏色。

B、選擇五行相生的顏色搭配。

在進行日常穿搭時，上衣和下衣的五行要搭配合理。切忌不能上下顏色五行相剋，並且是命局喜神之顏色，這樣才能使人的運勢變更好，事事順遂、心情愉快、身體健康。

同理，可以將這些喜用的顏色拓展一下，作為家居的裝飾色、車的顏色、鞋子的顏色等等。從這些生活細節做起，就能讓你的運勢在不知不覺中慢慢好起來。

（4）形狀

五行木、火、土、金、水是可以用形狀表達出來的。瘦長為木，尖角為火，厚實為土，方圓為金，胖肥為水。在改運的應用上，主要表現為：

A、裝飾的選擇上。

B、活動場所的選擇上。

選擇的原則是根據命局的喜神五行選擇裝飾，應該選擇常去活動的區域。如某命局喜神為金，則在房子的裝修上盡可能開圓的門或選擇圓形的裝飾品。現代城市各種形狀的標誌建築，或豎立於廣場或公園，喜金的朋友盡可能去有大型圓形建築物的廣場或公園活動。廣州有個形狀似古錢的大樓，是金最多的地方，喜金的朋友如在那座大樓辦公，或能吉祥如意。

（5）方位

方位也是有五行的。東方木，南方火，西方金，北方水，中央土。五方是以出生地為立極點，分東南西北中的五行方

位，主要應用在選擇居住地上。坊間有人主張應用在出行上，美其名曰：到為喜的地方去辦事可順利完成任務，半桶水認為，這是不對的。因為出行時間短，辦事、遊玩對氣運影響不會太大，否則喜木的人永遠只能去北方、東方出差，不去其他地方。這豈不是很荒謬？

選擇居住地的原則是：

A、首選年干長生之地。

例十六

命局 31

○○壬○○○

○○寅○○○

命局 31 為一女士年干壬水長生在申，故首選西南偏西之地。事實上，此女出生湖北仙桃，嫁到重慶（西南）居住。今年六十一歲，至今無大疾，身體健壯。

B、次選財星長生之地。

身弱，比星主財。身旺，財星主財。故年干弱態，選比星長生之地；年干旺態，選財星長生之地。

例十七

命局 32

○○辛辛○○

○○酉卯○○

命局 32 為一女士辛金弱態，選比星庚、辛長生之地。庚長生在巳，東南方；辛長生在子，在北方。此女湖南長沙人，大學畢業後在長沙本地工作近十年，無起色。後到廣州發展，

嫁一富翁為妻，獲億萬資產，住別墅，開豪車，成為名副其實的億萬富婆。

C、三選解神星所在之地。

例十八

命局 33

○○丁乙○○

○○卯巳○○

命局 33 為一男士，從出生到三十歲，命運坎坷，後在朋友勸說下去柬埔寨發展，在一個富翁處做管家。除賺取豐厚美金外，生活穩定，還娶一柬女為妻，生育一男一女。柬埔寨位於中國西南方，該男士解神星所在之地。

命運學實質上是五行平衡學。顏色、形狀、方位等屬於風水的範圍。利用風水調整命局五行是一個專門的學問，要做詳細的研究和說明，以上只是簡說其中要領。如果有緣，半桶水另著專作《太極風水》，和讀者諸君分享，請教於大方之家。

問：命局六柱間關係如何？

答：中華天文學以赤道系統定恆星座標位置，以天干甲、乙、丙、丁……癸、地支子、丑、寅、卯……亥為語言符號，根據師父傳授，從地球的自轉影響繞日公轉的共同時空出發，將月亮和地球合二為一，結合大自然的五大元素，木火土金水的物理現象，觀測太陽在動態中的晝夜現象，探索宇宙的共有性規律。

在這樣建立的天文學模型下，時空規律是一致的。無論在東半球還是西半球，儘管晝夜不同，節候不同，但其時空移動

太極命理

的刻度是相同的。地球在東半球移動一刻，西半球同樣移動一刻，這種整體移動規律，半桶水認為這就是中華天文體系強調的全息宇宙運動規律。

為了研究「事物生滅的規律現象」，建立了以下的占算模型：

宇宙占算模型									
○	○	○	○	○	○	○	○	○	○
○	○	○	○	○	○	○	○	○	○
元柱	會柱	運柱	世柱	年柱	月柱	日柱	時柱	刻柱	分柱

圖 11-1

其中，會是元運動的十二種狀態，世是運運動的十二種狀態，月是年運動的十二種狀態，時是日運動的十二種狀態，分是刻運動的十二種狀態。故上述模型又可以簡化，如下圖：

宇宙占算簡化模型				
○	○	○	○	○
○	○	○	○	○
元會柱	運世柱	年月柱	日時柱	刻分柱

圖 11-2

古人更重視地球上人事物的生滅現象。認為元會柱太宏觀，是描述宇宙生滅的。對地球上人事物個體生滅影響不大。而刻分柱太微觀，可能是描述分子、原子及量子糾纏或者鬼靈生滅狀態的，對地球上人事物個體的生滅影響也不大。因此，在此模型中重點研究運世柱、年月柱、日時柱。如下圖：

○	○	○
○	○	○
運世柱	年月柱	日時柱

圖 11-3

以上這個占算地球上人事物的模型有如下特點：

1、這個模型占算的是人事物生滅的共有性規律，是一條描述人事物從生到滅這個過程中吉凶禍福的曲線。具體占算到某人某事某物時，需要提供占算的前提和占算目的。故古人明確的告訴我們：無事、無疑、無誠不占。這是強調人的自主性、創造性對命運的影響。

2、這個模型的占算是由已知求未知的過程。運世柱代表過去，年月柱代表現在，日時柱代表未來。知道了過去，才能知道現在。知道了過去、現在，才能知曉未來。

3、這個模型以年、月柱為中心，因為人們更關心現在的生滅。

4、這個模型可占算地球上的事件（如一個企業生滅）、物體（如一個房子生滅）及人的生滅現象，只是人類更關心自己，誤以為只占算人的命運。

把圖 11-3 展開，變成圖 11-4。這就是太極命理占算模型。

太極命理占算模型					
○	○	○	○	○	○
○	○	○	○	○	○
運柱	世柱	年柱	月柱	日柱	時柱

圖 11-4

在這個模型中，以年柱、月柱為中心，雖然過去（運柱、世柱），未來（日柱、時柱）對人事物吉凶、生滅有一定影響，但由半桶水實踐經驗所得，其影響力大致均在 20% 以下。而年柱、月柱代表現在，對人事物吉凶、生滅的影響力應在 60% 以上。

其中年柱掌管一年十二個月，統轄一年四季，屬於人、事、物的公共能量。年柱將會同大運、流年帶給命局主導的影響力，是這個占算模型中的最高司令。而月柱表示來到當月開始有可能延續下去的發展狀態。月柱將會同大運、流年帶給命局關鍵性的影響力。是指定範圍（特定季節內的月份、統轄該月所有日子）的內部能量的最高主管。

因此，對命局所產生的影響力的強弱，年柱強於月柱。

半桶水認為，一直以來，大家視日柱為命主的基礎可能不準確。

問：歲、運、命關係如何？

答：命局六柱——運柱、世柱、年柱、月柱、日柱、時柱稱為「命」，大運稱「運」，流年稱「歲」。

命是人事物開始占算的起跑點，命局六柱將隨大運和流年的變化而呈現出一條吉凶悔吝的起伏曲線。命為占算的種子，既接受大運的消長，也接受流年的考驗。

運是由命局月柱推演出來的，每一個運柱是先天命局的一部分，它代表命內部能量的變化。

歲是不可抗力的外在因素，針對所有人事物的命都平等，屬於外部能量，影響地球上每一個人事物，負責下達指令，命局被動接受，吉凶禍福在一年內一錘定音。

大運和流年之間的「生剋刑沖合絕」，只對命局產生吉凶程度上不同的影響力，即產生程度不同的吉凶禍福。無論大運走到哪一步，必然要和流年接軌，呈現程度不同的吉凶。因此歲為君，運為臣，命為民。

有些人或許不明白前人制定干支計時是為了顯現事物發展變化的原理，以為命局決定今後的一切，或大運力量大於流年力量。其實，古人將太歲視如君，一切明白告知。

問：干支節令轉換的依據是什麼？

答：坊間許多學者認為，季節冷暖是節令交替的依據，主張「應根據命主不同的出生地，對應當時出生月份的冷暖，節令交替應做前後推移」。半桶水認為應該是不了解干支節令交替的本意而鬧出的笑話。

古人對宇宙的觀念為天圓地方，將宇宙二字做了完全詮

太極命理

釋：「上下四方為宇，古往今來為宙」。師父的見解是，宇是以東南西北、上下左右為三維空間的代表。宙是古往今來，包括過去、現在、未來的一維時間的代表。干支節令轉換是記錄時空前進的代表符號，劃分點以每日晝夜計時而轉換，絕不是以季節冷暖為依據而定立節令交替的。

因此，無論是南半球還是北半球，乃至中國大陸各省（市、自治區）及其他各國，四季的表現各自如何，節令轉換的時刻是一致的。因為地球的公轉、自轉本身就依循時空軌迹帶動全世界統一推進。地球日月的轉動，是全世界共同參與的規律。干支節令轉換是共性中的規律，與季節冷暖沒半毛錢關係。

問：為什麼稱《太極命理》是命學真傳？

答：坊間流行的所謂四柱命理，名目繁多，派系紛呈。

中華命理學起源於夏朝，興於唐宋，盛於明清。半桶水認為，兩千多年過去了，並無可觀的發展，與國民生計總是脫離，現在瀕臨消亡。據傳造成這種狀況的原因就是從唐朝李虛中、宋朝徐子平把原本以年干為命元主體改為以日干為命元主體的荒謬做法，並依此繁衍出很多似是而非的用神論、格局論、十神論……所造成的。坊間除盲派外，大多用子平算命術，在算命實踐中陰陽顛倒、錯漏百出，其結果令人啼笑皆非，扼腕嘆息。

筆者編撰的《太極命理》繼承了中華甲子曆曆法精神，傳承了夏朝以來命理學的核心，其主要內容如下：

1、建立了運、世、年、月、日、時六柱占算模型，稱之

為大自然人事物誕生時的命局。命局將隨着流年、大運對其作用，顯示出人事物從生到死這個過程中的吉凶禍福。占算是一個由已知求未知的過程，《太極命理》承認人的局限性，但同時強調人的創造性、自主性，主張有事、有惑、有誠才占。

2、恢復了夏朝以來以年干為命元，以年支為太歲，以月支為運元，以年柱、月柱為中心的算命核心。

運柱、世柱代表過去，年柱、月柱代表現在，日柱、時柱代表未來。沒有過去就沒有現在，沒有現在就沒有未來。但占算命運應重在現在。

運柱要三百六十年循環一次。理論上人的陽壽為一百二十年，陰壽一百二十年。三百六十年剛好代表人過去（陰壽）、現在（陽壽）、未來（陰壽）各一百二十年。因此人在陽間生滅的一百二十年的吉凶悔吝才是占算的重點。

3、流年是五行能量在每一年的具體反映，對所有命局能量相同（公共能量），主宰着大自然人事物的吉凶悔吝。

4、大運是由命局推導出來的，是命局五行能量變化的反映（個體能量），主導着大自然人事物的吉凶悔吝。

師傳的見解是沒有四季輪迴就沒有五行，更別說易理循環和六十甲子應運而生了。六十年、七百二十個月，地球上的萬物無論生長、榮枯、消亡，都要受到二十四節氣的控制，無一可以超越。因此大運對命局起伏變化起着重要的影響力。

5、流年和大運都對命局各自發生作用，大運和流年的關係對命局吉凶變化程度起着決定性的作用。流年為君，主宰吉凶。大運為臣，起着吉凶加重和緩解的作用。

6、大運一柱管五年。月柱起運一至五歲。因為每年十二個月，地支固定不變，五年一循環，故一柱大運管五年。坊間流行一柱大運管十年有機會是錯誤的。

又因為地球公轉和自轉是連續的，故大運從月柱始。月柱管一至五歲運氣，坊間所說的幾歲行大運也有機會是錯的。

7、大運排法，男順行，女逆行。

天地之數起於陰陽。干為天，坤為地。天地兩氣，陽順陰逆，這是自然法則。因此坊間所謂陽男陰女順行，陰男陽女逆行，實質取陽中有陰、陰中有陽之意，是違背自然法則的臆想。

《太極命理》是在民間少數易學士口耳相傳命理傳承的基礎上，再由半桶水自創建立的六柱命理占算模型，理順命局、流年、大運的相互關係，以年柱、月柱為占算中心，希望可糾正大運的正確起法。

半桶水研習命理三十餘年，實踐檢驗和實際占算《太極命理》。半桶水不敢珍藏於私，願與同好者分享先賢智慧，希望有緣得本書者共同研習、共同實踐，使命理學能廣為流傳。

第十二章

太極一掌經

2023 年清明節剛過，我正在書房編寫《太極命理》之第十一章〈太極命理問答〉，突然接到好友符小姐的電話：

　　「水哥好！忙不忙？幫我閨蜜古小姐占個卦怎麼樣？」

　　「符總，古小姐怎麼啦？」

　　「你先占卦，我再給你說。」

　　「那你把她的生日報給我。」

　　「我只知道她是公曆 1987 年 12 月 20 日左右生的。」

　　「古小姐是做什麼工作的？」

　　「她是老師。」

　　「占什麼問題呢？」

　　「你占她運氣怎麼樣。」

　　「好，稍等。」

　　我邊問邊用左手點算，不一會，我對符小姐說：「符總，古小姐今年運氣不好，還很嚴重呢！」

　　符說：「你別嚇我，是哪裏出問題呢？」

　　「可能是身體出了問題，應該在大腸和肝部。」

　　「她身體一直很好，前幾天有點便血，去醫院檢查，居然說是直腸癌，並擴散到肝部。你看她能康復過來嗎？」

　　我又點算了一下，對她說：「有點麻煩，叫她安心養病，到了 7 月 5 號以後，可能緩解。」

　　「謝謝水哥，我去對她說。」符說完就掛了電話。

　　「太極宇宙乾坤大，陰陽天地一掌中。」當我們閱讀古代演義小說，常看到類似的描述：一日，黎山老母駕坐蒲團，忽

然一陣心血來潮，屈指一算，得知愛徒樊梨花有難……這屈指一算的掌上乾坤應該是算命技巧的「手掌訣」。半桶水獲口頭傳授後，將其命名為「太極一掌經」。

先看古小姐的運氣是怎麼點算的。

古小姐生於公曆 1987 年 12 月 20 日左右，命盤如下：

○　○　丁　壬　○　○
○　○　卯　子　○　○

只能確定年柱、月柱。

大運：乙巳（36-40 歲）

流年：癸卯

符小姐明確告知她是老師。

命局丁生子月，身弱。喜印星、比星，忌傷星、財星、官星。丁壬合甲木為喜神化真，吉。子卯刑，凶。

大運乙巳，乙木生丁火，吉。巳卯拱辰土，為水庫，凶。子巳絕，表示絕望。巳為子的劫資煞，主破財，凶。

流年癸卯，癸剋丁，凶。歲命伏吟，犯太歲，凶。丁長生在酉，患病在卯，主健康出問題。

大運巳火旺，丙火剋庚金，劇烈，庚主大腸。流年癸卯，乙木過旺，主肝。故斷運氣不好，健康出問題，在大腸和肝部。

流月運勢如下：

正月，甲寅，木旺。寅為亡神煞，主凶，運勢下轉。

二月，乙卯，木旺。卯為太歲，為丁火的患病星，病魔上

身，古小姐應此月起病。

三月，丙辰，卯辰害。辰為丁火的衰弱星，古小姐發現便血，查出癌症。

四月，丁巳，巳為孤星，主絕望。巳卯拱辰，主凶，應處化療艱難期。

五月，戊午，戊癸合火，為喜化真，吉。但子午沖，子卯午三刑，大凶。

六月，己未，未為解神星，故曰 7 月 5 日以後（六月）可能緩解。

以上半桶水占算古小姐吉凶的技術就是應用了「太極一掌經」。

「太極一掌經」是一種以年柱、月柱為命局，以歲運變化來判斷人生百事成敗吉凶的一種算命術。這種算命術操作簡單，在任何時候、任何地方，用拇指在其他四指的十二地支宮點算，就能將一個人的命運推算了。主要點算的內容如下：

任何一個五年大運的吉凶悔吝。

任何一個流年、流月、流日、流時的吉凶悔吝。

知己知彼：無論戀愛、交友，只要知道對方年柱、月柱，甚至只要知道年柱，立即可以判斷對方是益友型還是損友型朋友，以助命主取捨，建立良好人際關係。

明確命主喜忌：喜什麼？忌什麼？給予命主趨吉避凶的合理建議。

以年月天干生剋制化，年月地支刑沖害破、合拱飛絕判斷命主個性、心態。

半桶水在本章中為讀者諸君分享「太極一掌經」。

第一節　曆法知識

曆法是根據天象變化的自然規律計量時間間隔，判斷氣候變化，預示季節來臨的法則。總體曆法分四種：

公元曆（太陽曆）：以太陽年為基本單位的曆法。

太陰曆（月亮曆）：以朔望月為基本單位的曆法。

陰陽曆（農曆）：在陰曆基礎上融合了陽曆成分的曆法。

星辰曆（北斗曆）：以北斗七星旋轉為基本單位的曆法。

一、公元曆

公元紀年法，簡稱「公元」。公元在中文中又稱「陽曆」、「公曆」、「新曆」，是一種源自於西方社會的紀年方法，原稱「基督紀元」，以耶穌誕生之年作為紀年的開始。西元元年之前稱為「公元前」，公元元年開始稱為「公元後」。需要注意的是：雖然 0 是自然數，但並不存在公元前 0 年或公元 0 年。公元前 1 年的下一年是公元 1 年，為公元元年。雖然公元前的紀年是倒著數，後面的數值小於前面的數值，但是具體到每一年的月份，還是正數，1 月在前，2 月在後。日期也是如此，1 日在前，15 日在後。

公元曆又稱「太陽曆」，以地球繞行太陽一周為一年。公曆歷年的平均年長度為 365.2425 日。公元曆每年分十二個月，一、三、五、七、八、十、十二月每月三十一天，四、六、九、十一每月三十天，二月二十八天，四年一閏，閏年二月有二十九天。

太陽曆與月亮運動毫無關係，根據陽曆日期，可知寒來暑往的四季變化，合理指導農業等事。

二、太陰曆

陰曆又稱「太陰曆」、「月亮曆」。太陰，是月亮的古稱，與太陽相對。太陽屬陽，值班白天，太陰屬陰，值班夜晚。

陰曆，根據月相圓缺變化的周期（即「朔望月」）制定，其計算方法是：太陰圓缺一周為一月，即月亮繞行地球一周為一個月，歷時 29 日 12 小時 44 分 2.8 秒。朔日為農曆月的第一個農曆日，也就是每個農曆月的初一一定是朔日。太陰圓缺十二周為一年，也就是積十二個月為一年。

陰曆不考慮地球繞太陽的公轉運行，四季的變化在陰曆上沒有固定的時間，它不能反映季節冷暖，但顯示潮漲潮落（初一、十五大潮，初八、廿二小潮），可以指引海事活動。

三、陰陽曆

陰陽曆又稱「農曆」、「華曆」、「漢曆」、「夏曆」。它取月相變化周期為月的長度，參考太陽回歸年為一年的長度，加入二十四節氣，並通過設置閏月以保持與太陽曆同步。根據陰陽曆，既可知道潮漲潮落，又可以掌握四季更替。

陰陽曆年份分為平年和閏年，平年為十二個月，閏年為十三個月，月份分為大月和小月，大月三十天，小月二十九天。

陰陽曆又根據太陽的位置，把一年分成二十四節氣，反映

太極命理

四季的變化，指引農業生產。

十二節氣：立春、驚蟄、清明、立夏、芒種、小暑、立秋、白露、寒露、立冬、大雪、小寒。

十二中氣：雨水、春分、穀雨、小滿、夏至、大暑、處暑、秋分、霜降、小雪、冬至、大寒。

節氣和中氣交替出現，各歷時大約十五天。

二十四節氣歌

春雨驚春清穀天，
夏滿芒夏暑相連。
秋處露秋寒霜降，
冬雪雪冬小大寒。

陰陽曆二十四節氣反映了「太陽周年視運動」。由於公曆也是一種太陽曆，描述同一個太陽視運動，所以節氣日期在公曆上基本固定，最多前後波動一兩日，如下表：

第十二章 太極一掌經

	名稱	立春	雨水	驚蟄	春分	清明	穀雨
春季	日期	2月3-5日交節	2月18-20日交節	3月5-7日交節	3月20-22日交節	4月4-6日交節	4月19-21日交節
	名稱	立夏	小滿	芒種	夏至	小暑	大暑
夏季	日期	5月5-7日交節	5月20-22日交節	6月5-7日交節	6月21-22日交節	7月6-8日交節	7月22-24日交節

	名稱	立秋	處暑	白露	秋分	寒露	霜降
秋季	日期	8月7-9日交節	8月22-24日交節	9月7-9日交節	9月22-24日交節	10月8-9日交節	10月23-24日交節
	名稱	立冬	小雪	大雪	冬至	小寒	大寒
冬季	日期	11月7-8日交節	11月22-23日交節	12月6-8日交節	12月21-23日交節	1月5-7日交節	1月20-21日交節

表 12-1 節氣表

陰陽曆中的月份是以節氣來決定的。如下表：

月份	正月	二月	三月	四月	五月	六月	七月	八月	九月	十月	冬月	臘月	閏月
節氣	雨水	春分	穀雨	小滿	夏至	大暑	處暑	秋分	霜降	小雪	冬至	大寒	無

表 12-2 月份節氣表

陰陽曆置閏規則為：使用冬至作為計算的起點，從某年冬至所在曆月到翌年冬至所在曆月開始為止。 如果只有十二個朔望日，則設為平年，不置閏。如果出現十三個朔望日時，則從某年冬至所在曆月之後起算，將第一個不含中氣的曆月設為閏月，稱作「閏某月」。

四、星辰曆

星辰曆又稱「干支曆」、「甲子曆」、「節氣曆」和中國的陽曆。二十四節氣和十二月建是干支曆的基本內容。天干地支、六十甲子是干支曆的基本語言。古人以天干地支作為載

體，天干承載的是天道，地支承載的是地道。在天成象，在地成形，在人成運。古代命理師認為，天干地支蘊含了深奧的宇宙星象密碼，世間萬物衍變，皆可通過其推算。

干支百是以十天干和十二地支進行兩兩搭配組合成六十組不同的天干地支組合，形成了六十甲子，用以標記年、月、日、時的曆法。干支曆將一年劃分為十二月建。古代天文學稱北斗星斗柄所指為「建」。一年之中斗柄旋轉而依次指為十二辰，稱為「十二建」，如下表：

月份	正月	二月	三月	四月	五月	六月	七月	八月	九月	十月	冬月	臘月
建	寅	卯	辰	巳	午	未	申	酉	戌	亥	子	丑
節令	立春	驚蟄	清明	立夏	芒種	小暑	立秋	白露	寒露	立冬	大雪	小寒

表 12-3 月建表

干支曆以立春至下一個立春開始為止為一年。用二十四節氣劃分出十二個月，每個月含有兩個節氣，沒有閏月。它以立春為歲首，以交節為月首。干支曆的年、月、日均由天象決定，毋須經過人為調整，是完全符合天象規律的一部曆法。

星辰曆是中國太陽曆，研究發明於軒轅黃帝時期。公元前2697 年是黃帝紀元元年（開元一年）。這一年是甲子年，也是星辰曆最早的源頭。如下表：

甲子	乙丑	丙寅	丁卯	戊辰	己巳	庚午	辛未	壬申	癸酉
1924	1925	1926	1927	1928	1929	1930	1931	1932	1933
1984	1985	1986	1987	1988	1989	1990	1991	1992	1993
甲戌	乙亥	丙子	丁丑	戊寅	己卯	庚辰	辛巳	壬午	癸未
1934	1935	1936	1937	1938	1939	1940	1941	1942	1943
1994	1995	1996	1997	1998	1999	2000	2001	2002	2003
甲申	乙酉	丙戌	丁亥	戊子	己丑	庚寅	辛卯	壬辰	癸巳
1944	1945	1946	1947	1948	1949	1950	1951	1952	1953
2004	2005	2006	2007	2008	2009	2010	2011	2012	2013
甲午	乙未	丙申	丁酉	戊戌	己亥	庚子	辛丑	壬寅	癸卯
1954	1955	1956	1957	1958	1959	1960	1961	1962	1963
2014	2015	2016	2017	2018	2019	2020	2021	2022	2023
甲辰	乙巳	丙午	丁未	戊申	己酉	庚戌	辛亥	壬子	癸丑
1964	1965	1966	1967	1968	1969	1970	1971	1972	1973
2024	2025	2026	2027	2028	2029	2030	2031	2032	2033
甲寅	乙卯	丙辰	丁巳	戊午	己未	庚申	辛酉	壬戌	癸亥
1974	1975	1976	1977	1978	1979	1980	1981	1982	1983
2034	2035	2036	2037	2038	2039	2040	2041	2042	2043

表 12-4 星辰曆年與公元曆年對照表

太極命理

第二節　掌上乾坤

「太極一掌經」是一種簡易的算命術，不用紙和筆，不拘時間和地點。左手拇指頭在食指、中指、無名指、小指周邊掐幾掐，就可以大概評說人生吉凶。尤其在人際交往中，區分誰是對我為喜的人，誰是對我為忌的人，做到「知己知彼，百戰不殆」。比如身旺者，喜見傷星、財星、官星（天干無印），身弱者，喜見印星、比星，忌見傷星、財星、官星（天干無印）。無論身旺身弱，凡是見了所喜之星干的人，百事多吉；凡是見了自己所忌之星干的人，百事多凶。

一、掌宮圖

要掌握「掐指一神算，掌中知乾坤」的「太極一掌經」，學習者除必須熟讀《太極命理》有關理論和應用外，還需要將有關知識化在掌中，方便卜算。現分述如下：

1、天干五合掌宮圖

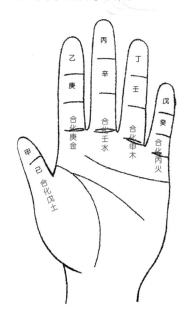

圖 12-1 天干五合掌宮圖

2、天干相剋掌宮圖

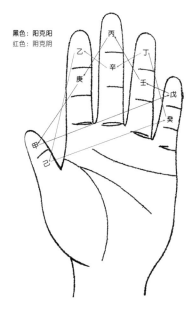

圖 12-2 天干沖剋掌宮圖

3、十二地支掌宮圖

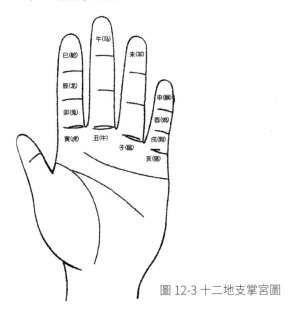

圖 12-3 十二地支掌宮圖

4、十二地支五行掌宮圖

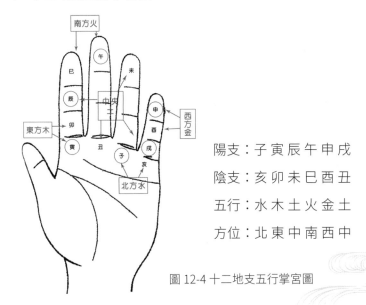

陽支：子 寅 辰 午 申 戌

陰支：亥 卯 未 巳 酉 丑

五行：水 木 土 火 金 土

方位：北 東 中 南 西 中

圖 12-4 十二地支五行掌宮圖

5、十二月份掌宮圖

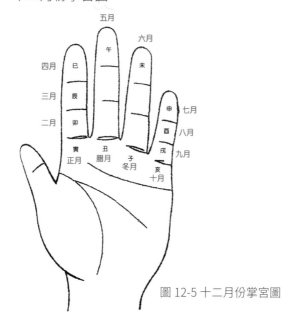

圖 12-5 十二月份掌宮圖

6、十二節氣掌宮圖

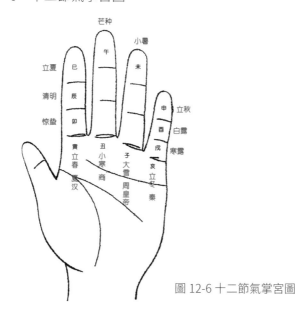

圖 12-6 十二節氣掌宮圖

7、十二時辰掌宮圖

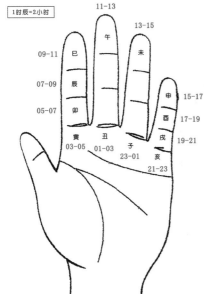

圖 12-7 十二時辰掌宮圖

8、地支三會掌宮圖

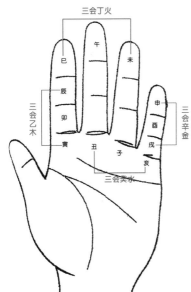

圖 12-8 地支三會掌宮圖

9、地支三合掌宮圖

寅午戌三合丙火
申子辰三合壬水
巳酉丑三合庚金
亥卯未三合甲木
（隔3三合）

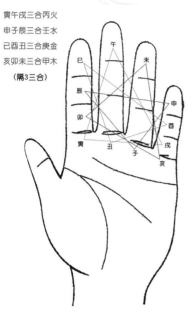

圖 12-9 地支三合掌宮圖

10、地支六合掌訣圖

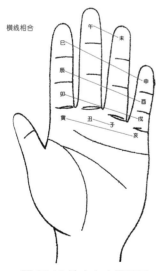

橫線相合

圖 12-10 地支六合掌訣圖

六合之義：午未在上，為天為火，故化丙火。

子丑在下，為地為土，故化己土。

而四季周流於天地之間，由下（大地）而往上推，為春木、夏火、秋金、冬水，故寅亥合乙木，卯戌合丁火，辰酉合辛金，巳申合癸水。

11、地支六沖掌宮圖

子水 ←→ 午火
丑土 ←→ 未土
寅木 ←→ 申金
卯木 ←→ 酉金
辰土 ←→ 戌土
巳火 ←→ 亥水

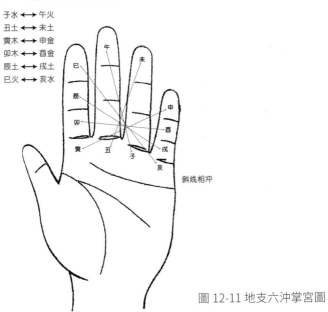

圖 12-11 地支六沖掌宮圖

12、地支相害掌宮圖

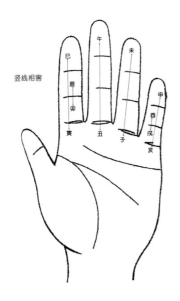

子未害：羊鼠相逢一筆休。

午丑害：從來白馬怕青牛。

寅巳害：蛇遇猛虎如刀戮。

申亥害：豬與猿猴似箭投。

戌酉害：金雞遇犬淚雙流。

圖 12-12 地支相害掌宮圖

13、地支六破掌宮圖

地支六破：
子酉
丑辰
寅亥
卯午
巳申
未戌
（隔二相破）

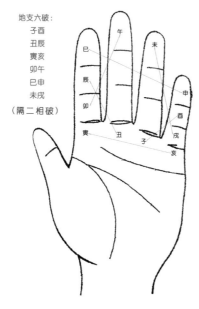

圖 12-13 地支六破掌宮圖

14、地支三刑掌宮圖

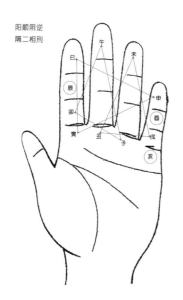

無禮之刑：子卯午

恃勢之刑：寅巳申

無恩之刑：丑戌未

自刑：辰酉亥

圖 12-14 地支三刑掌宮圖

太極命理

15、地支四絕圖

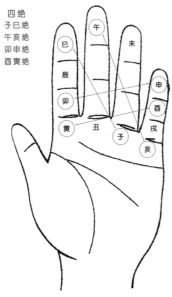

四绝
子巳绝
午亥绝
卯申绝
酉寅绝

圖 12-15 地支四絕圖

16、五虎遁月掌宮圖

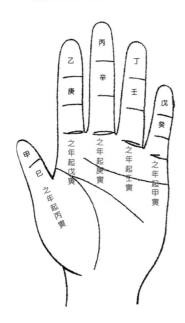

圖 12-16 五虎遁月掌宮圖

17、五鼠遁時掌宮圖

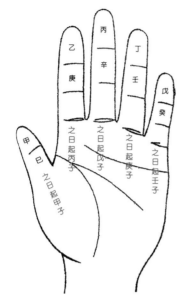

圖 12-17 五鼠遁時掌宮圖

18、十二長生掌宮圖

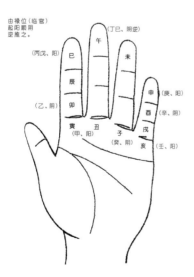

臨官、帝旺、衰、病、死、墓、絕、胎、養、長生、沐浴、冠帶，陽順陰逆推之。

甲祿在寅，乙祿在卯，丙戌祿在巳，丁巳祿在午，庚祿在申，辛祿在酉，壬祿在亥，癸祿在子（天干和地支主氣同）。

圖 12-18 十二長生掌宮圖

太極命理

19、六十甲子掌宮圖

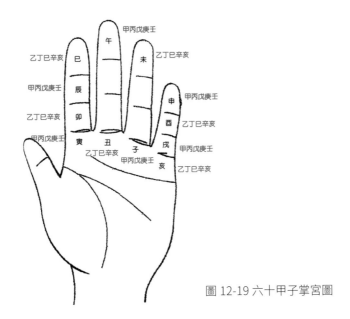

圖 12-19 六十甲子掌宮圖

甲子曆	甲	乙	丙	丁	戊	己	庚	辛	壬	癸
公曆	4	5	6	7	8	9	0	1	2	3

表 12-5 公曆與甲子曆換算表

如 1924 年甲子，順數 1925 年乙丑、1926 年丙寅……

又如 1984 年甲子，順數 1985 年乙丑、1986 年丙寅……

二、月建干支

　　無論是運、世、年、月、日、時六柱算命，還是年、月二柱算命，或年、月、日三柱算命，或年、月、日、時四柱算命，都要準確知道生日在十二節令中哪個節令，因為命學是用甲子曆計算年、月、日、時，即年以「立春」為一年的交換點，月以十二個節令的「節」為交換點。但是，十二節令的交節日時，從沒有一年與另一年同日同時。以西曆計算編寫的十二節氣歌，交節日雖只差錯兩三天，但用於算命這樣的時空則不行。算命的年、月、日、時必須按甲子曆十二節令的交節日、時推算才準確。差之毫釐，失之千里！算命，一定要問命主的年、月、日、時，看一下出生時值哪個節氣，從而確定生年生月干支，才可以從容不迫的推算解說行運吉凶。

　　除盲人師傅算命使用掌宮曆外，一般算命師傅都要翻看萬年曆。以「太極一掌經」算命，往往又不方便查閱萬年曆（隨時隨地算命），生日是生於初一至十五的，除了該月的節氣，還有值上月節氣的可能。生日是生於十六日至三十日的，除了該月的節氣，還有值下個月節氣的可能。這兩種情況，都要做月建干支的檢測。方法如下：

　　1、據公曆生月日推甲子曆月份

　　甲子曆和公曆都是太陽曆。甲子曆的二十四節氣和公曆的日期對應起來，誤差不大。只要不在節令交節日誤差範圍內，即可知道生日在哪月。

師曰：

　　春雨驚春清穀天，

　　夏滿芒夏暑相連。

　　秋處露秋寒霜降，

　　冬雪雪冬小大寒。

　　上半年來六廿一，

　　下半年是八廿三。

　　每月兩節不變更，

　　最多相差一兩天。

如下表：

月份	正月		二月		三月	
節氣	立春	雨水	驚蟄	春分	清明	穀雨
公曆	2月3-5日	2月18-20日	3月5-7日	3月20-22日	4月4-6日	4月19-21日
月份	四月		五月		六月	
節氣	立夏	小滿	芒種	夏至	小暑	大暑
公曆	5月5-7日	5月20-22日	6月5-7日	6月21-22日	7月6-8日	7月22-24日

月份	七月		八月		九月	
節氣	立秋	處暑	白露	秋分	寒露	霜降
公曆	8月 7-9日	8月 22-24日	9月 7-9日	9月 22-24日	10月 8-9日	10月 23-24日
月份	十月		冬月		臘月	
節氣	立冬	小雪	大雪	冬至	小寒	大寒
公曆	11月 7-8日	11月 22-23日	12月 6-8日	12月 21-23日	1月 5-7日	1月 20-21日

表 12-6 二十四節氣表

2、月建干支檢測法

例 1：男命，生於公曆 1968 年 5 月 5 日

1968 年戊申。5 月 5 日可能屬於丙辰月，也可能屬於丁巳月。

戊申、丁巳，印旺身旺，戊土旺。丁為母且坐巳刃地，奪父權，丁為忌神，母子關係緊張。己申合，刑、破，巳為劫資煞，申為亡神煞，一家人恩恩怨怨，不僅窮困，且有死亡之象。

戊申、丙辰，身旺比旺，戊土旺。丙為父親，坐冠帶之地，強。申辰拱子水為財星，主父強子強，發大財。丙為忌神，命主父子往往意見不合。

例 2：女命，生於公曆 1969 年 8 月 8 日

1969 年己酉，8 月 8 日可能屬於辛未月，也可能屬於壬申月。

己酉、辛未，比旺身旺。辛為女兒，為喜神，母女情深。未為寡婦星，主離異。辛坐衰地，身體弱，難撫養。

己酉、壬申，傷旺身弱。壬為財星，為忌神，主破財，經濟困難。酉中辛金為女兒，申中庚金為兒子，居旺地，兒女聰明有作為，命主乃貴人之母也。

這樣一對照，求算人對照自己的實際情況，會告訴推算人是兩種情況中的哪一種。再與年干、大運、流年評斷吉凶。

邵康節曰：

易中秘密窮天地，造化天機泄未然；

中有神明司禍福，後來切莫教輕傳。

第三節　神機妙算

古人以天干地支作為載體，天干承載的是天道，地支承載的是地道。干主動，支主靜，十天干動行十二宮，十二支靜守十二宮。它們的運行規律詮釋了宇宙星象。

一、天道

天干類物化形象

天干除掌握其生、剋、合、象之外，民間流傳一種類物化形象，研習者也必須有所了解。在實際算命中，有其重要的價值：

甲木：森林大木　乙木：花卉小木

丙火：太陽之火　丁火：燈光之火

戊土：城牆之土　己土：田園之土

庚金：斧錘強金　辛金：首飾弱金

壬水：大海之水　癸水：雨露之水

甲木是參天大樹，很容易出人頭地。甲木的人生直線向上，人緣好。甲木是乙木的貴人，乙木是攀藤萬年青，可以攀附甲木達到樹木頂處，望到很遠的地方。女性是乙木比較好命，男性是乙木比較難成功。

丙火是太陽之火，丙火人生於春天比較好命。太陽每天照耀地球，光芒所到之處沒有選擇性。不管好人、壞人均可接收太陽的溫暖。樂天知命、慈善佈施，困難了找丙火借錢十拿九穩。

丁火是燈光之火、燭光之火，不佈施、不幫人，因為力氣太小。丁火靠印星來旺，最喜歡甲、乙木。丁火人最好養貓、養兔。

丁火人有很強的鬥志、野心，誓死堅持幹到底，丁火人很容易成功。丁火女比丁火男更好命。

戊土是火熱的城牆，是塊石頭，專做大事。戊土人主觀十分強，體形健碩，性格剛強剛烈，不低頭、不妥協。戊女粗豪爽朗。戊土人天生是烈士命，行俠仗義，不自私，不貪便宜，但命苦，經歷災難多。戊土重要功能：防洪。

己土是田園之土，滋潤軟滑，溫柔生魅。無論男女，己土人均長得英俊漂亮而且善解人意，長袖善舞，包容心大，討人

喜歡。

庚金是斧錘之金，殺氣騰騰，一把鋒利的斧頭，有衝勁，敢作敢為，有個人膽識和勇氣。不怕打罵，不怕吃苦，歷練愈多愈成才。在古代，庚女剋夫，在現代容易做女強人。

辛金，首飾弱金，光芒四射，價值連城，令人讚歎，但十天干中，辛金是最「辛苦」的金。

壬水，大海之水，江河之水，波濤洶湧。無論男女，大多均喜歡交際應酬，面面俱到。人脈廣闊，很吃得開，有大哥大姐的風範。十天干中，壬水最多桃花，壬即淫，或對愛情、性慾特別渴求。相識滿天下，知心有幾人？

癸水，雨露之水，滋養生津，天之津液。癸人很隨和，陰柔乖巧，癸男易發達成名，癸女易為賢妻良母。癸人容易發生怪異事件。

從年干看性格

十天干，甲、丙、戊、庚、壬為陽，乙、丁、己、辛、癸屬陰。年干不分陰陽，統一代表其年所生的男女。男女生於陽干年，都主性剛，男命大剛；男女生於陰干年都主性柔，女命大柔，這是算性格的總原則。具體分析，還要看年干坐什麼運星。

1、年干人是陽干，坐支逢生、沐、冠、官、旺五運者，性大剛，個性特徵明顯。如丙寅年柱人，丙火人特徵明顯。威風凜凜向前闖，往往容易受重傷。

2、年干人是陽干，坐支逢哀、病、死、墓、絕、胎、養七運者，外剛內柔，外強中弱，用一副剛強的外表包裝一顆柔

弱的心。如丙申柱人，內心脆弱、容易受傷，但外表瀟灑，表裏不一。

3、年干人是陰干，坐支逢生、沐、冠、官、旺五運者，外柔內剛，表面上溫柔儒雅，實有一顆堅強不屈的心。如癸亥年柱人，外表彬彬有禮，但個性堅定、頑固。

4、年干人是陰干，坐支逢衰、病、死、墓、絕、胎、養七運者，性大柔。如丁卯年柱人，丁火特徵明顯，陰柔算計，只是為了一個「利」字。

天干之合

1、甲己合化戊土

甲木是「愛財號」，己土是甲木的財，戊土也是甲木人的財。合財變財，甲木的使命是「賺錢」，對其他事沒興趣。財星為喜神的人，可以賺很多錢。相反財星為忌神，則發財很難。如男命年干剛好為甲木，則妻從夫化，甲己合化甲木，妻隨夫行，妻失自我，夫掌一切大權。甲為比星，為喜神，夫得妻助，賺很多錢。甲為忌神，因妻惹禍，散財免災。如女命年干剛好為己土，若財星為喜神，則夫妻恩愛，丈夫把錢都交給太太。財星為忌神，夫妻恩恩怨怨，為錢奔波勞累。

無論喜忌，夫妻緣分深，白頭到老，但一生恩恩怨怨。

2、乙庚合化庚金

庚是乙的官星，乙木要奉獻自己給庚金，放棄個人原則，才可以換取別人的讚賞。乙木較易受委屈，往往吃力不討好。如庚金為喜神的人，則可當官，步步高升，如為忌神，則人生辛苦，奴才命也。

如女命年干剛好是乙木，則夫從妻化，乙庚合化甲木。庚是夫星，為喜神則夫深愛妻，為忌神，夫懼內。無論喜忌，妻奪夫權，妻當家。甲是比星，為喜神的話，結婚後發財，為忌神則結婚後敗家。

3、丙辛合化壬水

壬水是丙火的官星，主名氣、權力。為喜神，丙火可當官，名氣大、權力大，妻星、財星辛金生水，夫得妻助，花錢買名。為忌星，不宜從政掌權。

辛金是丙火財星，丙人之妻星。為喜神，夫妻恩愛，興家立業，為忌神，夫妻緣深，白頭到老，但吵吵鬧鬧過一生，貧賤夫妻百事哀。壬水剋丙火，辛金生壬水，丙辛合，丙辛都會很辛苦。

如男命年干剛好是丙金，則妻從夫化，丙辛合化丙火，妻失自我，隨夫而行。辛金無奈過一生。丙火為喜神，夫得妻助，賺很多錢。若為忌神，因妻惹禍，無論喜忌，夫妻緣深，但一生恩恩怨怨。

如女命年干剛好是辛金，則夫從妻化，丙辛合化庚金，喜者，夫深愛妻。忌者，夫懼內。無論喜忌，妻管嚴。

4、丁壬合化甲木

甲木是丁火印星，主名氣，壬水是丁火官星，官印相生。為喜神，丁火名氣大，一生名大於利。金是財，生水，一生花錢買名氣。丁火是花錢專家。為忌神，因財毀名，重利不重名。

甲己合化戊土，乙庚合化庚金，丙辛合化壬水，合局後均

令自己泄氣。但丁壬合化甲木，合化後變成甲木旺自己，令丁火源源不絕。丁火自私，丁火只旺自己。

壬為夫星，若男命年干人剛好是壬水，則妻從夫化，丁壬合化壬水，壬為喜神，妻深愛夫，結婚後興家。為忌神，妻怕夫，夫當家，女命辦事膽小、拖拉。若女命年干人剛好是丁火，則夫從妻化。丁壬合化丙火，丙火為喜神，夫深愛妻，為忌神，夫懼內。女命乃母老虎，欺夫罵翁。

5、戊癸合化丙火

丙是戊的印星，合化後令自己強大。癸是戊的財星，戊土只想賺錢。丙火為喜神，戊土名氣愈來愈大，權力愈來愈大。為忌神，官路艱辛，毀譽參半。

癸為戊的妻星，若年干女命人剛好是癸水，則夫從妻化。戊癸合化壬水，喜者，夫深愛妻，婚後發家。忌者，夫懼內，生活貧困。無論喜忌，妻奪夫權，欺夫罵翁。若年干男命人剛好是戊土，則妻從夫化。戊癸合化戊土，戊土愈來愈強大。戊為喜神，發財，為忌神，敗家。

二、地道

天干主現象，天馬行空，地支主實力，靜守十二宮，像大地一樣，宜靜不宜動，動則地震。

生肖類比占性格

地支，除深入研究「刑、沖、破、害、合、拱、飛、絕」這個八字真言外，坊間流行的十二生肖也值得認真研究。因為占算人的性格，用生肖性格類比，十分準確。

十二地支對應十二生肖，如下表：

地支	子	丑	寅	卯	辰	巳	午	未	申	酉	戌	亥
生肖	鼠	牛	虎	兔	龍	蛇	馬	羊	猴	雞	狗	豬

表 12-7 地支與生肖對應表

1、熱情積極的鼠人

鼠人多對人熱情、積極，樂天知命，適應能力強，天塌下來當被子蓋。喜歡幫助別人，永遠對朋友比對家人好。有主見，大多獨斷獨行，身邊友人大多是「豬朋狗友」。而且，鼠人大多缺團隊精神，很難合作，喜歡開空頭支票，說完就消失得無影無蹤。在機構中適合做參謀長。

鼠人膽小，語云：膽小如鼠。因此鼠人多沒耐性，缺行動力。鼠人或容易染上不良習慣和嗜好，亦正亦邪，喜歡暗地裏做事，得意時，意氣風發，稍有運來，小人物當大人物。失意時，大多會變得較為討好人，讓人喜歡。

2、勤奮認真的牛人

牛人多忠誠、穩重、勤奮，不吹噓浮誇，做事認真，具使命感和責任感。

牛女多容易相信別人，容易被騙，沒主見，但自信心很強，容易招損。

牛人多固執、保守，性格三十年如一日，不願改變，缺少機靈與變通。牛人不認輸，可能一生不轉工，但不易發達。語云：「勤奮可以發達，牛也可以做老大」。

3、創業冒險的虎人

虎人多性格剛烈、兇悍，虎虎生威。有冒險精神，總想創業做老大，「一山不容二虎」，不受人指揮。語云：「虎男不在家，虎女好辯論」，正是虎人的形象描述。

寅、申、巳、亥為四長生，寅：兇猛，申：難纏，巳：毒，亥：野（野豬可以吃老虎）。所以，虎、猴、蛇、豬四屬相性格強橫，多是不容易屈服，吃軟不吃硬，最愛出風頭，我行我素，為自己決定所有事情，不妥協，不做自己不願做的事情。

4、變化多端的兔人

語云：「兔男沒主見，兔女惡騰騰」。兔男，多沒主見，總是聽別人的話。兔女多脾氣不好，無端給人甩臉色。無論男女，兔人喜文藝，喜讀書，外表文質彬彬。兔人靈巧，聰明，悟性高，但比較不專情，永遠喜歡兼職。

兔人較傾向追求安全感。「狡兔有九窟」，一個兔子九個家。只要為喜益，兔人可以化敵為友。

5、飄忽不定的龍人

龍是很飄忽的生肖，「神龍見首不見尾」，大多很善變，神出鬼沒，時勤時惰，脾氣難以捉摸。龍人多固執，沒耐性，驕傲好勝，容易做白日夢，龍人可能是個夢想家。龍人最大的敵人是自己，自己殘害自己。任何機構中有屬龍的人，事業才有機會可以做大。龍具有一種生旺能力，有助將整個事業推向更高。

6、敏捷糾纏的蛇人

「人心不足蛇吞象」，蛇人多是很難纏的對手。蛇人靈機敏捷，聰明，糾纏力極強，堅定目標，咬死不放。蛇人或可以做大事。

蛇人多把利益排在第一，腳踏實地，適應力極強。但是大多只可接受讚美，不接受批評。很兇，很難馴服，但見好就收，吃飽就離去，不會貪得無厭，盤踞地盤。蛇人做事很到位，大多認為自己一定要當領袖，不會服從別人指揮，工作能力強。蛇人很會照顧自己，會在最短的時間內解決所有問題。

7、絕不服輸的馬人

「馬有追風之雄，無人不能自往」，馬人精力無窮，對人熱情，講義氣，但馬人可能是嘴最快的，不能守秘密。馬人很勤奮，馬不停蹄但沒有臨門一腳的功夫，所以馬行千里需要一個好拍檔、好顧問。

馬人大多記仇，沒有得到的會記一生一世。馬人率直，不懂轉彎，不服輸，輸掉可能會發脾氣，馬人在任何場合大多希望獲勝，不會承認自己失敗。馬女的緣較多在遠方，有機會到外國，嫁外國人。

8、捨己為人的羊

羊是一種生於山區的動物，能夠忍耐嚴冬和酷熱。羊人做事多踏實有耐力，明事理具包容力。外柔內剛，溫馴，文質彬彬，外表溫文爾雅，內心堅毅剛強，是一種善良合群的生肖。

羊可能是最不開心的生肖，多愁善感，捨己為人但欠缺安全感，或者因為羊毛專供人剪下來，為別人送上溫暖。羊人多

疑多慮，有悲天憫人的情懷。

在古代，羊年不生女，因為羊女感情豐富，愛情複雜。

9、舌似刀鋒的猴人

猴人多機靈、敏捷、很傲氣，爭強好勝，好爭霸，權力慾強，愛出風頭，不當可能領袖不高興，但做事欠踏實、欠耐性。立場搖擺不定，舌似刀鋒，不合己見即反駁。

猴男，圓滑，擅交際，具俠義心，但較大機會好賭，愛說空話，說的話只能信一半。但猴男多是一個強勢的人，適合做警察。

猴舌像一把刀，三個猴就有三把刀，猴女或易剋死丈夫。但猴女可能愈老愈有吸引力。

10、自得其樂的雞人

雞人多有主見，語云：「雄雞報曉」。有些雞人想法很多但不去做。臨門一腳沒有膽，雞人可能是失敗主義者。但無心插柳時，可能會有意外收穫。

雞人多慾望強，控制慾大，但可能不會行動。雞人脾氣多急躁，發脾氣時一發不可收拾。

11、忠誠流淚的狗人

狗人多忠誠，有耐性，做事不會半途而廢。大多一生奔波勞碌，流浪，宜勞不宜逸，狗人不宜退休。狗人常感到付出與收穫不平衡，容易流淚。

狗人多樂觀隨和，包容性強，但膽小，不宜做老大，適宜做助手或配角。相對來說，屬猴的人較易當領袖，屬雞的人當領袖可能不能服眾。屬狗的人大多當副手用功做事，當老大或會被人拉下來。

12、我行我素的豬人

豬人多活潑機靈，有豪傑氣質，有些殺氣，別人不敢欺負，但孤意獨行，喜自由，不喜歡受人管束，自私，只顧自己。多缺乏奮鬥心、上進心、抱負和鬥志。

豬人大多自我，喜歡當英雄，只要你抬舉他，他或會請你吃飯。只要你認為他是領袖，甘願做他的下屬，他或會保護你一輩子。

在古代，亥月不結婚。亥者「害」也，殺氣太大，不吉利。

生肖六合

1、子丑六合，鼠牛多是模範夫妻，鼠是子，是牧童，牧童騎牛，專門散熱。

申子辰合壬水，鼠龍猴在一起有機會變成汪洋大水。

亥子丑合癸水，癸水可能較容易招惹怪異事件，或較易犯感冒等病，也代表寒氣，鼠豬牛在一起，寒氣逼人，或容易遇上怪異之事。

子午卯酉為四桃花之局，子為桃花之一。生肖屬羊、豬、兔的人見到子水便有桃花，情慾澎湃。在北方旅遊，或在海邊散步，好事較為易成。

子巳絕，鼠跟蛇在一起容易打架，絕交。

子午沖，鼠跟馬在一起容易對抗。

子未害，鼠跟羊在一起容易互相傷害。

子酉破，鼠跟雞在一起可能會無情意。

子卯午刑，鼠跟兔、馬在一起有機會做違法之事。

2、巳酉丑合庚金，牛和蛇、雞在一起，莫名其妙或會招來大量煞氣（庚金）。

丑未沖，牛和羊在一起容易對抗。

丑午害，牛和馬在一起容易互相傷害。

丑辰破，牛和龍在一起可能會相互破壞，無情無義。

丑戌未三刑，牛和狗、羊在一起容易疾病纏身，意外傷災。

辰戌丑未為四墓之局，是死人密碼，且不容易用錢擺平。

3、寅酉絕，虎和雞在一起，容易絕交。

寅亥合、寅亥破，虎和豬在一起或許會積聚恩恩怨怨，有情亦無情。

寅申沖，虎和猴在一起或會互相對抗。

寅巳申三刑，虎和蛇、猴在一起，較為容易犯法、坐牢。

寅巳相害，虎和蛇在一起較為容易相互傷害。

寅午戌三合丙火，虎和馬、狗在一起，變出一個太陽（丙火），普照大地。虎和狗在一起，可能莫名其妙生出大量火來。炎弱的運氣好，炎旺的人就可能會開始走霉運。

寅卯辰三合乙木，虎和兔、龍在一起變出許多花草樹木，綠化大地。虎和龍在一起，有機會達到花草茂盛，春意盎然。

寅申巳亥為四長生之局。虎兇、猴難纏、蛇多壽、豬很野，四種生肖性格強橫，不容易屈服，但或許可以用錢擺平。

4、卯戌合，兔和狗在一起特別親熱，合作容易成功。

亥卯未合甲木，兔和豬、羊在一起，變出許多參天大樹。

卯申絕，兔和猴在一起容易絕交。

卯酉沖，兔和雞在一起容易衝突、對抗。

卯辰害，兔和龍在一起容易雲裏霧裏，相互傷害。

卯午破，兔和馬在一起，可能會敗盡家業。

卯巳拱龍，兔和蛇在一起，變出許多水來（龍為水庫），散熱有功。

卯是四桃花之一，虎、馬、狗見到兔，桃花盛開，容易動情，送幾枝玫瑰花，有機會成為情人。

5、辰酉合，龍和雞在一起，合作愉快。

辰戌沖，龍和狗在一起，容易發生戰爭。

辰辰自刑，龍和龍在一起，容易自相殘殺。

6、巳申合、巳申破，蛇和猴在一起變出許多水來，水剋巳火，申金生水，故容易恩恩怨怨，相互破壞。

巳午未三合丁火，蛇和馬、羊在一起變出許多燈火，照亮黑夜。蛇和羊在一起，招來許多螢火蟲（丁火），飛來飛去。

巳亥沖，蛇和豬在一起容易衝突、對抗。

7、午未合，馬和羊做夫妻，情深意重。

午是桃花之一，蛇、雞、牛見馬，桃花盛開，送一部車或帶到南方旅遊，很容易做夫妻。

午亥絕，馬和豬在一起容易有飛來之災。

8、未戌破，羊和狗在一起容易破敗。

9、卯申暗合，猴和兔在一起，有機會情慾暗生，不為外人所知。

申酉戌三合辛金，猴和雞、狗在一起特別喜歡金玉、首飾。猴和狗在一起做鐘表生意，或有機會發大財。

申亥害，猴和豬在一起，可能會容易互相傷害，不傷對方誓不甘休。

10、酉酉自刑，雞自己傷害自己，雞的最大敵人是自己。

酉戌相害，雞犬不寧。

酉是四桃花之一，猴、鼠、龍見雞桃花盛開，送塊金表，好事或易成。

11、兩狗在一起，多喜歡養兔子。三狗在一起，常常打官司。

12、亥亥自刑，豬和豬在一起，你拱我，我拱你，可能會不受傷不肯停息。

亥午暗合，豬和馬在一起，容易暗暗偷情，三豬在一起，可能是苦難人生的開始。

生肖流年運程

一個屬鼠的人，坐在你面前，要求你算他運氣，你該說些什麼呢？

首先，算性格。

鼠人大多熱情，樂天知命，適應能力強，天塌下來當被蓋。對災難看得破，鼠人可能只要睡一覺，明天又會積極面對人生，但有機會容易染上不良習慣和嗜好，亦正亦邪，得意時，意氣風發，失意可能變得較為討人歡心。

鼠人大多廣交朋友，對朋友非常好，人緣好，是一名很好的參謀長，在任何機構中，沒有鼠人可能做不大。

鼠人大多膽小，沒耐性，缺行動力。遇到挫折會退縮，欠缺膽識和氣量。鼠女的耐力或較鼠男強，但膽識大多欠奉。與鼠男一樣，不宜做長遠性和耐力戰的工作。

其次，算流年運。

1、鼠年

鼠年鼠人犯太歲，語云：「太歲當頭坐，無喜就有禍」。所以，鼠人鼠年要辦喜事，一喜擋三災。

在神煞學中，有一粒吉神名將星，起法如下：

申子辰見子

寅午戌見午

亥卯未見卯

巳酉丑見酉

鼠人進入子午，有將星加臨，有如脫胎換骨一樣。人多一身光鮮亮麗，財運有增無減，宜進宜攻，只要戒驕戒躁，若能提防得意忘形，被勝利沖昏頭腦，失敗的機會應該不大。

鼠人鼠年多財運亨通，事業一帆風順，但行運亦內藏風險 (犯太歲)，宜廣結善緣，切勿好大喜功，豪氣失財。

子是四桃花之一，豬、兔、羊三種屬相的人見子即桃花盛開，情慾旺盛。因此，鼠年鼠人已婚人士慎防野桃花害人。 未婚人士或可大膽進攻，鼠年可稱是「愛情年」。

2、牛年

對鼠人來說，牛年是個好年，在財運方面，鼠人多踏上了一個不錯的年運。鼠人牛年有一顆「太陽星」來迎接，此星男吉女否，男鼠人憑此星或可令名聲好，財運佳，但不可做喜

事，管閒事。小心應對小人是非，女鼠應注意上火、血症等。

子丑六合，鼠人在牛年是桃花年。妻子屬牛，應在妻子身上，妻子不屬牛，應在其他人身上。鼠人牛年可稱是「結婚年」。

3、虎年

進入虎年，鼠人依然保持運勢，可能需要東奔西跑，動作和計劃多多，或心神恍惚，患得患失，令鼠人在繁忙中度過。

鼠人在虎年有「驛馬」、「孤神」、「喪門」三星照命，「驛馬」主變動，變動包括旅遊、搬家、轉工等等。

「男忌孤星，女忌寡宿」。男鼠虎年犯孤星，或會有孤獨及刑剋配偶的凶象出現。

「喪門若是逢冠馬，走到他鄉笑吟吟」。鼠人在虎年，喪門與驛馬並至，但應注意耗財，謹記小心管理財務。

4、兔年

兔年鼠人進入「紅鸞宮」，此星掌管一切愛情事，大利婚嫁及添丁，另一粒「太陰星」為一清明祥和之吉星。男性應「紅鸞」，大利桃花，女性應「紅鸞」，主得女兒、創業，也有機會較易犯婦女病。

鼠人兔年逃不掉「勾絞」、「貫索」、「三刑」這些是非困擾，所以鼠人在兔年要小心是非及血光之災。鼠人在兔年除大膽進攻外，應注意身體健康。

5、龍年

子辰半合，進入龍年，鼠人容光煥發，聲音又響亮起來，處處出風頭，名氣提升，運勢加增。鼠女大利事業，不利桃

花，或會孤芳自賞。

鼠人龍年有「華蓋」、「五鬼」、「官符」、「牢獄」四星照命，鼠人龍年有機會是獨行俠，要靠個人實力爭霸。 不宜大進攻，只應小出擊。鼠人一旦掌權，可能引發是非官非，不可當第一及暴露才華，特別忌醉酒花街，防牢獄之災。

6、蛇年

鼠人在蛇年運勢較差，煩惱較多。子巳絕，容易和朋友翻臉絕交。鼠人蛇年有「小耗」、「死符」、「再婚」、「劫資」四大凶星照命。

「小耗」主破財。「死符」主戴孝，有親人死亡之憂。「再婚」鼠男主婚變或被異性騙「彩禮錢」。「劫資」主疾病、盜竊破財之事。

鼠人蛇年尤其要注意疾病及破財之劫，一切重要事情，要周詳計劃，不可衝動行事。

7、馬年

子午沖，鼠人在馬年運程或較普通，反反覆覆，財運不振，小心錢財損失，應以守為攻。

鼠人馬年有「大耗」、「歲破」、「再嫁」、「勾絞」四星照命。

「大耗星」主破財。「歲破星」主厄運。「再嫁」主婚變。「勾絞」主無情意的桃花。

鼠人馬年要特別注意酒色財氣的破運，可能會因感情用事而招來厄運，小心桃色糾紛，也要特別注意健康，易染風寒。

8、羊年

鼠人在羊年運勢或將回順，晦氣一掃而空，有「紫微」、「龍德」、「朱雀」星照命，但鼠羊相害，鼠人不可過急或鋒芒太露。

鼠人羊年不宜大賭，小賭反而為喜。「以小博大」是整體策略。醉酒必損好運，桃花引來大險。鼠人在羊年宜考慮婚嫁，以牛、龍、猴為最佳。鼠人在羊年，小心水厄，女鼠人慎防婦科病。

9、猴年

申子合，鼠人在猴年大多都向好的方向變化，全年運勢吉多於凶。大利感情發展，已婚者或更上一層樓，未婚者謹記珍惜戀情，一般人人際關係良好。鼠人猴年有「白虎」、「飛廉」星照命。

白虎害人藏陰險，
損害才智意綿綿。
水人遇見肝腎弱，
恐怕難過病危關。

鼠人猴年是非及小病難免，鼠男小心水厄，鼠女小心婦科病。在忙碌中享受平庸，自然順暢如意。

10、雞年

鼠人到了雞年，「天德」、「福德」、「貴神」、「天喜」四大吉星照命，鼠人在雞年可有貴人扶持，大利創業和進攻。滿堂吉慶，計劃或能實行。

雞年也是鼠人成家立室的一年。但吉中必藏凶，這一年有「卷舌」加持，鼠人若走偏門或鋌而走險，有受絞殺之險，為

朋友加害。鼠人一定不要被勝利沖昏頭腦，切勿得意忘形。

11、狗年

鼠人在狗年是一個平淡的好年。有「天狗」、「吊客」、「寡宿」三星加臨，不利大投資，事業變動難免，鼠女應防婚變。

鼠人只問耕耘，不問收穫，才會運順。

12、豬年

豬年是鼠人轉運年，財運極佳。但有「六害」、「病符」、「陌越」星加臨，主變化不定，忐忑不安。豬年是鼠人的「決策年」，許多事情要鼠人做出決定。這對鼠人來說是很大的挑戰。

老年鼠人在豬年應注意身體健康。

「師傅領進門，修行在個人！」其他生肖性格，流年運氣解說的方法和鼠人解說方法類似，民間流行一首《命訣十八口》，現錄於此，僅供讀者諸君玩賞，以作為本章的補充：

（1）以年支為中心去對應各支。

（2）以年支對應流年，大運。

（3）以支論，不用干。透干者力強，不透者力弱。

命訣十八口

子寅風流客，道與紅塵人。勤馬途中勞，終身求安寧。

子卯離祖上，福祿享一生。人直性格爽，自來好為人。

子卯又相刑，性暴要多忍。輕者有是非，重者牢災生。

子卯在反沖，性高在寒中。親人六不合，夫妻矛盾重。

子辰華蓋命，金科有功名。學業自上進，俸祿職在身。

子巳病在身，吉運在龍門。婚合人也合，更須防重婚。
子巳衣食平，一生忙中行。災多小人多，婚事多不順。
前途功不見，仕途難為人。勸君少生氣，忙中求開心。
子巳防重婚，婚後防疾病。成婚三年好，過後有矛盾。
婚姻防糾紛，有助也難成。離合自有路，何苦煩惱深。
子午為正沖，牢災多有凶。有財不住財，為人不討功。
是非口舌顯，小人在其中。終身求平安，不在紅塵中。
子申性情高，人靈心更巧。合財在本命，財庫防小人。
衣食自周全，人闔家也順。妻賢夫更美，終身無災生。
子酉福照命，貴人顯功名。夫美妻也賢，自有盈餘金。
子戌口舌占，出門多見難。求財遇勾絞，求名功不見。
婚姻古不順，散財應家庭。六畜想旺順，少犯白虎星。
子亥多災難，時運機不轉。自立堅強好，免討別人嫌。
子丑時運順，求功自有名。婚順人也合，安然享一生。
丑午婚不逢，寅申婚正沖。巳亥不到頭，亥申多淚流。
子未婚反沖，辰戌不長久。寅巳不相生，酉戌必相爭。
卯酉互相耗，卯辰不到老。子午婚多險，丑未若無邊。
子戌在命中，求婚事難成。子亥婚不利，為婚沒好氣。
子酉桃花福，高婚多子孫。子丑家合順，求來好婚姻。
子辰華蓋婚，金科婚來順。子申婚姻吉，婦慧夫美麗。
子子婚姻早，婚後求功名。子寅婚不合，家內亂事多。
丑酉不相逢，相逢有災凶。奇禍災病顯，藥石連牀中。
見財有破敗，交友遇賊公。生兒也不肖，父子相剋沖。
丑亥事難成，求功難留名。破敗多無常，骨肉不留情。
往返多奔波，為事賊人多。進退皆不利，少動莫求名。
丑卯早戴孝，破空祖業少。零丁單身在，子孫有破敗。

父母帶雙沖，大耗犯成空。才高有八斗，命在半升中。
丑巳白虎財，偏財自會來。人心在天高，金庫防劫財。
口舌有事端，災禍又重來。訴訟免災獄，家固防婚敗。
巳亥指背重，白虎在命中。劫財時來犯，災多有牢凶。
要想終身安，行善積德中。子午坐正印，功名見喜信。
俸祿早來至，一生多鴻運。職逢山路險，為人逗口舌。
位在勁風中，息事災禍免。寅辰不逢時，命中少良機。
降俸又減薪，削官又剝職。單身又孤形，身心防有損。
福星如高照，方始事業穩。戌辰財庫沖，歲破大耗空。
牢災風波顯，他鄉吊客中。申未坐正印，太陽星照命。
驛馬在時運，出門才順心。求財遠方貴，聞喪喜臨門。
謀事必成就，更須防小人。巳午桃花運，每多遭不幸。
好心在為人，時時犯小人。口舌小破財，幸得遇貴人。
丑未是非重，重者有牢凶。時時犯勾絞，小人在其中。
幸得福星照，見貴財運好。丑午不相逢，相逢在病中。
遇事多不順，心煩苦惱生。財遇災事散，人合防家病。
要想時運轉，回頭便是岸。卯辰事不長，人在迷中忙。
天鵝麻雀肉，小蛇吞大象。蚌埠空相鬥，漁人等在旁。
勸君不生氣，福人有天相。申子辰合三，列位三台邊。
華蓋來坐命，學藝更精人。貴神運中坐，口舌是非多。
官符小人在，男女不合和。疾病災難生，一生多坎坷。
福星照命貴，子敬女孝美。自有衣食命，不為兒女累。
文曲命中坐，一生功名多。文星本自帶，求功名自來。
考場神筆揮，金榜也留名。求得功名在，一生無破敗。
巳酉丑三合，青雲直上天。朝中有貴人，可升一品官。
天喜在命喜，終身氣不生。出門貴人多，謀事正逢運。

紫微命中照，順多逆來少。名登金科榜，人才職祿俏。
事業在人上，天賜福祿高。文官文褂馬，金銀來如潮。
文武職權在，職祿不傷官。妻賢夫本貴，兒孫自來旺。
未辰比肩多，福星命中坐。出門更大吉，命中桃花喜。
財運更興隆，偏財在命中。聰明文章帶，獨膽也獨財。
四海能為家，三江更喜愛。辰戌天官坐，求名多坎坷。
才高有八斗，只因機遇錯。午未有貴人，巳申機會多。
不為功名誤，自有好工作。申未在正印，功名顯其身。
職權手可掌，常在宮中行。四海常留步，三江俱留名。
樹大常招風，明顯防正沖。金庫宜常固，處事多小心。
上合下要合，不把功名誤。丑寅好學醫，為醫情性直。
藥王傳真術，只惜運不濟。丑卯不相通，相逢一場空。
妻空婚不穩，宅向少青龍。丑辰志向高，心大力量小。
一生常變色，幸喜子媳好。丑巳白虎財，偏財自然來。
訴訟防牢獄，家固防婚敗。丑午逢病運，勞苦財事訟。
遇病應是邪，陰人居宅中。丑未靈性多，性孤多思索。
六親不得力，弟兄兩三個。丑申合陰陽，弟剛兄堅強。
宅向乙山辛，屋邊有池塘。丑酉福命照，妻闔家事順。
頭生一壯丁，生就桃花命。丑戌必相刑，一生忙中行。
喜神愛進廟，奇巧聰明人。丑亥事無成，求功難留名。
破敗多無常，骨肉不留情。寅丑不相合，自幼不見婆。
不定奶娘養，乾娘有兩個。寅卯代六合，出外朋友多。
一個愛三個，婚姻有風波。寅辰不逢時，命中少良機。
降俸又減薪，削官又剝職。寅巳性難平，言語愛出錯。
槍打出頭鳥，官符災難多。寅午帶天罡，為官守邊疆。
夫婦常年隨，多把弟兄幫。寅未情義重，生來一情種。

一生多勞苦，奇才也有功。寅戌在墓庫，中年定能富。
要是打比方，好似在梭布。寅亥名長生，人才蔥一根。
眉秀心靈巧，中看不中用。卯辰事不長，總在迷中忙。
小人長了志，貴人在一旁。卯巳不相容，求喜一場空。
子息難續緣，六親不相親。卯午自相刑，志高運難伸。
生就寶貝兒，老爸叫乾親。卯未孝堂高，藝多印雙掌。
名利雙豐收，多是才學郎。卯申性多倔，累死三條牛。
西邊太陽出，東山月亮留。卯酉性好色，遇事喊乾爹。
若是四氣全，成龍而變鱉。卯戌文章高，身旺當兵好。
仁義禮智信，一樣也不少。卯亥一身輕，當官多為民。
一旦為學士，千古好留名。辰巳坐地母，不利本土長。
跳出三界外，平安入廟堂。辰午官煞重，藥石連牀中。
辰未自帶印，華蓋是坐命。桃花喜三江，才學四海行。
辰申坐長生，妻闊家事順。六親愛助力，春風帶笑生。
流年辰酉運，女難傷財帛。辰戌防帶枷，訴訟勿沾它。
嫁夫比己大，婆妻變黃花。辰亥多墓庫，祖上原本富。

運如東流水，造宅不常住。

巳午言順貴人多，婚事年年都在説。

人人都喜心裏想，緣分有厚也有薄。

鼠年婚姻小人在，亥年正婚顯坎坷。

午年本來要見喜，未年東南婚自合。

巳年婚姻防糾紛，説東説西噪音多。

婚姻本是命中定，男女不合有矛盾。

勸君防走回頭路，過了巳年是正婚。

子午婚姻是正沖，正南正北事難成。

東南是喜吉來須，未年見婚下年順。

子午本來桃花運，好姻好緣沒亂定。

申未婚姻在正印，未年求婚婚自成。

上年婚姻西方忌，下年西北吉來順。

子卯婚姻早來定，只因年甲不順心。

子卯相合又相刑，過了兩次才算真。

正南正北皆不利，東北西北才是婚。

丑卯婚姻見破空，命中婚煞煞氣重。

過了此橋向前路，未年過後自相逢。

丑亥婚姻犯正沖，運不正來婚不逢。

要求婚姻避白虎，鎮得婚姻在宅中。

三、人道

天道，介紹了天干生、剋、合、象十二運星的應用。

地道，介紹了地支刑、沖、破、害、合、飛、拱、絕、十二流星及神煞的應用。

研天道，究地道，最終是為了明人道，計算人的吉凶禍福。

在《太極命理》中，已知命局一柱（年柱），二柱（年、月柱），三柱（年、月、日柱），四柱（年、月、日、時柱），五柱（世、年、月、日時柱），六柱（運、世、年、月、日、時柱）都是可以占算命運吉凶的。大家算命時，盡可能問命主公曆出生日期，別問農曆出生日期，至少可以迅速確定年、月兩柱。

不管是幾柱算命，大家務必記住算命八字真言「生剋、旺弱、喜忌、吉凶」。這是算命的核心。

生剋指天干生、剋、合、象。

旺弱指年干對月支五格。喜忌指年干的喜神、忌神。吉凶是天干地支所呈現出來的吉凶狀態。現以三個算命小故事加以說明：

故事一

一日，我正在海口西海岸觀海咖啡廳喝咖啡，好友陳小姐帶湖南長沙市的周先生前來找我算命。

我問周先生：「你是哪一年出生的？」

周先生說：「我是 1983 年出生的。」

1983 年干支是「癸亥」，我心中一默，沉吟了一會對周先生說：「周先生，無論在哪個單位，你都是個小主管，你一生的使命是做個主管。只有做個主管，你才賺得到錢。」

見周先生沉默不語，我又對他說：「從性格上看，你表面上文質彬彬，有些女性的柔弱，但你的內心很強大，嚮往自由。俗話說，很野(不受約束)，很頑固，很有主見，不易被約束，常用柔弱的外表包裝一顆堅強的心。」

周先生插話說：「水先生，算命先生都要詳細詢問具體生日才算命，您老人家怎麼只問出生年就可以算。」

我對周先生說：「我這種算命法是一種算命古法，叫『太極一掌經』，與坊間算命先生的算命法不一樣。」

周問：「水先生您剛說我，總要做個主管，您看能做多大官？」

我問：「請問你出生在幾月幾日？」

周答：「我出生在陽曆 11 月 20 日。」

我用左手大拇指在手掌上一點算，心中一驚：又是癸亥

月，雙豬守門！然後對周說：「你是癸亥年、癸亥月出生，那麼你在之前做過人工流產或死過小孩。」

周說：「我結婚前確有一任女友，做過一次人工流產，我和妻子結婚前也做過一次人工流產。」

我又說：「不僅你是這樣，你爹也是這樣。生孩子前也做過人流，或你有兄姐沒長大成人。」

周說：「這個不準，我媽就生了我姐和我，後來計劃生育就沒生了，何況那時候沒現在這樣開放，怎麼可能人工流產呢？」

我只好對周說：「可能有些情況你不了解，要不你問問你媽？」

周將信將疑，立即給他的媽媽打電話。原來他父母的第一個孩子生出來是個死胎，沒保住，說這件事只有他爹和姑知道，怎麼算命算得出來呢？

半桶水註：

　　癸亥，癸亥，伏吟煞，亥亥白纏煞。亥藏壬癸（兄弟、姐妹），甲乙（子女）。

周先生驚恐的對我說：「您算算，我近期的運氣如何？」

我立即在掌中點算起來：

癸旺，喜木、火，忌金、水。

0-5 歲 癸亥

6-10 歲 甲子

…

36-40 歲 庚午

41-45 歲 辛未

46-50 歲 壬申

51-55 歲 癸酉

我對周先生說：「從運氣看，你零至五歲難撫難養，父母操了很多心，費了很多神啦！」

周先生說：「是的，是的，身體瘦弱，常住醫院。」

我說：「你今年四十歲，現在大運庚午，流年壬寅，庚主名，為忌神，損名譽。壬主財，為忌神，破財。午為勾絞星，也是絕望星。寅為亡神星。從運勢看，特別要小心桃花之災，被女人騙錢！」

周說：「我因婚外桃花，被騙了一大筆錢，名譽受損，老婆不依不饒，好絕望！水先生，我該怎麼辦？」

我說一個字「拖」。讓時間去解決。

故事二

2023 年 3 月，我正在書房編寫《太極風水》，一個電話打進來，急急地對我說：「水先生，我是萬先生的朋友，我姓陳，你叫我陳小姐吧！」

萬先生是我多年的小弟，所以我只好說：「陳小姐，你有什麼事？」

「我想找你算算命，算算我的婚姻狀態。我生於 1983 年 10 月 17 日，何時則不太清楚。」

「你這生日是農曆還是公曆？」

「公元曆。」

我立即在掌中點算起來：

年柱：癸亥

月柱：壬戌

兩柱陰陽煞，許多事容易搞錯。亥為孤星，戌為寡星，於是我對陳小姐說：「你的婚姻難續呀？」

陳小姐大運如下：

0-5歲	6-10歲	11-15歲	16-20歲	21-25歲	26-30歲	31-35歲	36-40歲	41-45歲	46-50歲
壬	辛	庚	己	戊	丁	丙	乙	甲	癸
戌	酉	申	未	午	巳	辰	卯	寅	丑

表 12-8　陳小姐大運排法

我對陳小姐說：「你很早結婚，二十一歲到二十五歲之間就嫁了，因錢財而結婚，一路恩恩怨怨到如今。」

陳小姐問：「現在情況怎麼樣？」

現在大運甲寅，流年癸卯，甲為傷星，寅為甲之祿，剋夫。癸長生在卯，陳小姐有生發之機，態度變強硬起來了。亥卯半合甲木，忌神化假，凶。卯戌六合丁火，忌神化假，凶。於是，我對陳小姐說：「你今年有離婚之災。」

陳小姐問：「水先生，你看今年什麼時候最危險？」

我立即在掌中點算流月：

正月：甲寅；二月：乙卯……

我對陳小姐說：「你去年開始矛盾激化，今年正月最危險啦？」

陳小姐沉吟良久，對我說：「看來一切都是命！我是春節後離婚的。水先生，謝謝您！」

故事三

海口的李先生是個專職的算命士，從業十餘年，聽易友萬先生介紹，說半桶水一柱可算命，二柱也算命……還建立了六柱算命新模型，始終不相信。一個周末，萬先生約李先生來我茶室喝茶閒聊，李先生對我說：「聽說先生有一套《太極一掌經》，能不能賜教一二？」

我沉吟半晌，對李先生說：「我們都是易學愛好者，講理論的話，說也說不清，辨也難辨明。這樣吧，你說個真實的年月，我試着算一下如何？」

李先生說：「好吧，女命，公曆 1992 年 8 月 18 日。」

我用拇指在掌中一番點算，立即知道：

年柱：壬申

月柱：戊申

我對李先生說：「此女十分漂亮，有閉月羞花之貌，沉魚落雁之姿，對嗎？」

李先生說：「很對！先生何以看出？」

我說：「『金水相涵美麗容』。此女壬水生申月，又坐申，不是金水相涵嗎？」

李先生立即說：「受教，受教！先生還能說些什麼？」

我說：「此女婚姻不好，情路坎坷，一生婚姻都搞錯了。」

李先生立即說：「對，對，這位小姐離了兩次婚。先生是

怎麼算的？」

我說：「此女婚姻不美，標誌明顯。其一，夫星戊土居病地申，妻壓夫病。其二，戊癸合化丙火生戊，癸為王的妹妹，說明其夫喜歡找女朋友（情人），並合化後旺自己。此女有姐妹爭夫之象。其三，戊申為陰陽差錯日，又為呻吟煞，『土猴夫何在？』在《太極命理》中月柱是婚姻宮，所以，姻緣難續，情路坎坷呵！」

李先生聽到這裏，立即抱拳說：「佩服佩服！先生還能算出些什麼？」

我說：「此女兄弟姐妹七人，出生貧寒之家，父母能力強但難出人頭地，有此女後，財務狀況好轉。此女大專文化，二十一歲後早戀早婚，二十六歲後緣去緣來，婚路無常，經濟陷於貧困，名譽遭毀……」

還沒等我說完，李先生立即搶話說：「此女是我姨妹，先生算得一釐不差。我拜先生為師如何？」

我哈哈大笑說：「李先生說笑了，『從師不如訪友，訪友不如閒談』。李先生有空多來清談，就是水某的榮幸了！」

這正是：

中國命學有真傳，
掌宮推命不簡單。
不知算命有此法，
定是假傳在扯淡。

後記：
有緣千里一書牽

　　大家都在講「緣份」。緣是指某種特定的條件，份是指建立某種關係。在某種特定的條件下建立某種關係，應該就是「緣份」的意思。今天能有緣看到《太極命理》這本書，也確實證明了你我是有緣人。你也可以用這本書尋找和你有緣的人，讓我們建立一個共同的身分：同道者，傳承中華文化的同道者。

　　禪宗傳到五祖時，有兩個人準備接棒了，一個是神秀，一個是惠能，五祖不知道該把衣缽傳給誰而大傷腦筋，他想到了一個法子，就是讓眾弟子在寺門前提偈，誰提得好，衣缽就傳給誰。

　　神秀在廟裏讀過很多書，於是他寫了首偈：

> 身是菩提樹，
> 心如明鏡台。
> 時時勤拂拭，
> 莫使惹塵埃。

惠能不會寫字，請旁邊的人幫他寫下：

> 菩提本無樹，
>
> 明鏡亦非台。
>
> 本來無一物，
>
> 何處惹塵埃。

禪宗的最大特色是「不立文字，直指人心」。也就是說不跟你講太多文字結構，沒有太多的講經說道，只是回到你的真心裏面來看看，你的世界是什麼？

惠能曾說：「放下屠刀，立地成佛」。這需要一種「頓悟」的功夫！這種當下就「頓悟」是需要大慧根的。所以，禪宗傳到惠能就停了。

中國是一個很務實的地方，生活得很現實。為了混口飯吃，大家都只能變成凡人了。凡人的我們時時處處惹塵埃，然後再慢慢的抹抹擦擦，沾了再擦，擦了再沾，這就是佛家說的「漸修」。漸修的辦法有八萬四千法門，需要累世累劫的修行才有可能覺悟。

頓悟也好，漸修也行，最終都是會覺悟的，只是時間上的區別而已。但前提是直指人心，回歸自然本性，才能悟道。

中華文化是世界最悠久的古文明之一，自董仲舒老夫子「罷黜百家，獨尊儒術」始，頓悟的聖者寥寥無幾，如六祖惠能、王陽明等。但漸修者眾，也有成大家者，如朱熹等人。

幾千年來，中華文化呈現了雜亂、喧鬧的社會百態。門戶之見、山頭主義、文人相輕的習性等，致使文化遺產受到顛沛流離，智慧傳承受到殺害，發展開創受到扼阻，遺害的深遠，到現在仍方興未艾。

中華五術是生命的智慧。山、醫、命、相、卜原本是先祖總結出來的關於養生、修行、趨吉、避凶的學問。簡單、容易上手、好用！然而相傳唐宋期間，也不知哪位大家，擔憂外國人學會中華五術後來滅亡中國，居然將中華五術之學東改改、西改改，改得面目全非，編著了一本《滅蠻經》，而且風行天下，更嚴重的是天下學者之後競仿之，各種各樣的「滅蠻經」流傳於世。

　　如風水學，原本是人們選擇陽宅、陰宅（相宅）的一套環境學，以山川河流、宅形宅象為依據，選擇藏風聚氣之地，供人們居住或安葬先人，這是一套很簡單、很實用的學問。但相傳在宋元時期，以賴文俊（自號「布衣子」）為首的學者將陰陽、五行、八卦、河圖、洛書、星象、神煞、納音、奇門、六爻、命理等幾乎所有易數的理論納入風水學中，弄出一個「理氣派」，並衍生出眾多子派，形成了複雜的風水學理論，讓後學者恍如深陷迷宮，不知所終。只能拿着個羅盤東晃晃、西晃晃，既不能為人趨吉，亦不能為己避凶。滅蠻沒滅到，倒滅了自己的優秀文化。

　　中華命理學是中華五術的重要組成部分，相傳始於周朝。它是以地球上萬事萬物誕生時吸納的五行能量（命局）為基因，以內外環境（大運、流年）的變化為依據計算人、事、物吉凶悔吝的一個預測模型。幾千年來，很簡便的為人們占算禍福，趨吉避凶。但據傳宋人徐子平老夫子在《滅蠻經》的影響下，以「年干為中心」的算命學說改成「以日干為中心」，並構造出四十四種人生名貴格局，提出「用神論」，或因此導致千年來中華命學界出現吵鬧、喧嘩、浮躁，又故步自封的局

面。慶幸仍有有心學者願意付出時間上下求索，將生命投入到命學裏，與讀者分享其真知灼見，盼不久的將來會出現命理大家。

綜觀當今命理學派，具有代表性的有三大體系：傳統派、新派、盲派。無論何派，各種理論、技法、口訣千變萬化，讓學者無所適從。經市場的檢驗，準確程度評價十分兩極，正負之間有明顯落差：正面評價給予相當高的讚美，負面評價卻是完全與事實不符。這應該主要是命理學理論缺陷所致。

半桶水希望透過《太極命理》，以平實的語言，將一些的算命學理論依據原始的根本重新作出編輯整理，以讓學者走出「子平八字」的迷思，讓命理學走向簡易，更好的為人們趨吉避凶，演繹幸福的人生。

半桶水在廣州創立嘉良文化書院，致力於傳播中華優秀文化，始終堅持「傳承千年文化，創立萬世智慧」的經營宗旨及「不問來路，只管去向」的經營理念，已經經營近二十年了。在實踐中深刻體會到：做學問，都要經過「術、道、藝」的三種錘打和磨練才有所得，所以做學問的過程實質是一個修行的過程，是一個修正自己行為的過程。在這個過程中，一不小心會遭來謾罵和攻訐。好在佛有言：「萬般帶不走，只有業隨身。」讀到這裏，你我才是真的有緣，誠摯的盼望你放下一切「負擔」，直指人心，認真研習這本命學啟蒙書，讓我們成為同道者，共同為傳承中華文化盡綿薄之力！

最後送給你曹雪芹《好了歌》一首：

好了歌

世人都曉神仙好，惟有功名忘不了！

古今將相在何方？荒塚一堆草沒了。

世人都曉神仙好，只有金銀忘不了！

終朝只恨聚無多，及到多時眼閉了。

世人都曉神仙好，只有嬌妻忘不了！

君生日日說恩情，君死又隨人去了。

世人都曉神仙好，只有兒孫忘不了！

癡心父母古來多，孝順兒孫誰見了？

祝你才情永恆！

半桶水寫於癸卯年（2023）己未月

海口西海岸公寓

附錄：

運世干支表

會	運序號	運干支	世序號	世干支	始年 （公元前）	始干支
巳會	179	壬戌	2145	戊申	2697 黃帝元年	甲子
巳會	179	壬戌	2146	己酉	2667	甲午
巳會	179	壬戌	2147	庚戌	2637	甲子
巳會	179	壬戌	2148	辛亥	2607	甲午
巳會	180	癸亥	2149	壬子	2577	甲子
巳會	180	癸亥	2150	癸丑	2547	甲午
巳會	180	癸亥	2151	甲寅	2517	甲子
巳會	180	癸亥	2152	乙卯	2487	甲午
巳會	180	癸亥	2153	丙辰	2457	甲子
巳會	180	癸亥	2154	丁巳	2427	甲午
巳會	180	癸亥	2155	戊午	2397	甲子
巳會	180	癸亥	2156	己未	2367	甲午
巳會	180	癸亥	2157	庚申	2337	甲子
巳會	180	癸亥	2158	辛酉	2307	甲午
巳會	180	癸亥	2159	壬戌	2277	甲子
巳會	180	癸亥	2160	癸亥	2247	甲午
午會	181	甲子	2161	甲子	2217	甲子
午會	181	甲子	2162	乙丑	2187	甲午
午會	181	甲子	2163	丙寅	2157	甲子
午會	181	甲子	2164	丁卯	2127	甲午
午會	181	甲子	2165	戊辰	2097	甲子
午會	181	甲子	2166	己巳	2067	甲午
午會	181	甲子	2167	庚午	2037	甲子

會	運序號	運干支	世序號	世干支	始年 （公元前）	始干支
午會	181	甲子	2168	辛未	2007	甲午
午會	181	甲子	2169	壬申	1977	甲子
午會	181	甲子	2170	癸酉	1947	甲午
午會	181	甲子	2171	甲戌	1917	甲子
午會	181	甲子	2172	乙亥	1887	甲午
午會	182	乙丑	2173	丙子	1857	甲子
午會	182	乙丑	2174	丁丑	1827	甲午
午會	182	乙丑	2175	戊寅	1797	甲子
午會	182	乙丑	2176	己卯	1767	甲午
午會	182	乙丑	2177	庚辰	1737	甲子
午會	182	乙丑	2178	辛巳	1707	甲午
午會	182	乙丑	2179	壬午	1677	甲子
午會	182	乙丑	2180	癸未	1647	甲午
午會	182	乙丑	2181	甲申	1617	甲子
午會	182	乙丑	2182	乙酉	1587	甲午
午會	182	乙丑	2183	丙戌	1557	甲子
午會	182	乙丑	2184	丁亥	1527	甲午
午會	183	丙寅	2185	戊子	1497	甲子
午會	183	丙寅	2186	己丑	1467	甲午
午會	183	丙寅	2187	庚寅	1437	甲子
午會	183	丙寅	2188	辛卯	1407	甲午
午會	183	丙寅	2189	壬辰	1377	甲子
午會	183	丙寅	2190	癸巳	1347	甲午
午會	183	丙寅	2191	甲午	1317	甲子
午會	183	丙寅	2192	乙未	1287	甲午
午會	183	丙寅	2193	丙申	1257	甲子
午會	183	丙寅	2194	丁酉	1227	甲午
午會	183	丙寅	2195	戊戌	1197	甲子
午會	183	丙寅	2196	己亥	1167	甲午
午會	184	丁卯	2197	庚子	1137	甲子

會	運序號	運干支	世序號	世干支	始年 (公元前)	始干支
午會	184	丁卯	2198	辛丑	1107	甲午
午會	184	丁卯	2199	壬寅	1077	甲子
午會	184	丁卯	2200	癸卯	1047	甲午
午會	184	丁卯	2201	甲辰	1017	甲子
午會	184	丁卯	2202	乙巳	987	甲午
午會	184	丁卯	2203	丙午	957	甲子
午會	184	丁卯	2204	丁未	927	甲午
午會	184	丁卯	2205	戊申	897	甲子
午會	184	丁卯	2206	己酉	867	甲午
午會	184	丁卯	2207	庚戌	837	甲子
午會	184	丁卯	2208	辛亥	807	甲午
午會	185	戊辰	2209	壬子	777	甲子
午會	185	戊辰	2210	癸丑	747	甲午
午會	185	戊辰	2211	甲寅	717	甲子
午會	185	戊辰	2212	乙卯	687	甲午
午會	185	戊辰	2213	丙辰	657	甲子
午會	185	戊辰	2214	丁巳	627	甲午
午會	185	戊辰	2215	戊午	597	甲子
午會	185	戊辰	2216	己未	567	甲午
午會	185	戊辰	2217	庚申	537	甲子
午會	185	戊辰	2218	辛酉	507	甲午
午會	185	戊辰	2219	壬戌	477	甲子
午會	185	戊辰	2220	癸亥	447	甲午
午會	186	己巳	2221	甲子	417	甲子
午會	186	己巳	2222	乙丑	387	甲午
午會	186	己巳	2223	丙寅	357	甲子
午會	186	己巳	2224	丁卯	327	甲午
午會	186	己巳	2225	戊辰	297	甲子
午會	186	己巳	2226	己巳	267	甲午
午會	186	己巳	2227	庚午	237	甲子

會	運序號	運干支	世序號	世干支	始年（公元前／公元）	始干支
午會	186	己巳	2228	辛未	207	甲午
午會	186	己巳	2229	壬申	177	甲子
午會	186	己巳	2230	癸酉	147	甲午
午會	186	己巳	2231	甲戌	117	甲子
午會	186	己巳	2232	乙亥	87	甲午
午會	187	庚午	2233	丙子	57	甲子
午會	187	庚午	2234	丁丑	27	甲午
午會	187	庚午	2235	戊寅	公元4年（下起為公元年）	甲子
午會	187	庚午	2236	己卯	34	甲午
午會	187	庚午	2237	庚辰	64	甲子
午會	187	庚午	2238	辛巳	94	甲午
午會	187	庚午	2239	壬午	124	甲子
午會	187	庚午	2240	癸未	154	甲午
午會	187	庚午	2241	甲申	184	甲子
午會	187	庚午	2242	乙酉	214	甲午
午會	187	庚午	2243	丙戌	244	甲子
午會	187	庚午	2244	丁亥	274	甲午
午會	188	辛未	2245	戊子	304	甲子
午會	188	辛未	2246	己丑	334	甲午
午會	188	辛未	2247	庚寅	364	甲子
午會	188	辛未	2248	辛卯	394	甲午
午會	188	辛未	2249	壬辰	424	甲子
午會	188	辛未	2250	癸巳	454	甲午
午會	188	辛未	2251	甲午	484	甲子
午會	188	辛未	2252	乙未	514	甲午
午會	188	辛未	2253	丙申	544	甲子
午會	188	辛未	2254	丁酉	574	甲午
午會	188	辛未	2255	戊戌	604	甲子

會	運序號	運干支	世序號	世干支	始年（公元）	始干支
午會	188	辛未	2256	己亥	634	甲午
午會	189	壬申	2257	庚子	664	甲子
午會	189	壬申	2258	辛丑	694	甲午
午會	189	壬申	2259	壬寅	724	甲子
午會	189	壬申	2260	癸卯	754	甲午
午會	189	壬申	2261	甲辰	784	甲子
午會	189	壬申	2262	乙巳	814	甲午
午會	189	壬申	2263	丙午	844	甲子
午會	189	壬申	2264	丁未	874	甲午
午會	189	壬申	2265	戊申	904	甲子
午會	189	壬申	2266	己酉	934	甲午
午會	189	壬申	2267	庚戌	964	甲子
午會	189	壬申	2268	辛亥	994	甲午
午會	190	癸酉	2269	壬子	1024	甲子
午會	190	癸酉	2270	癸丑	1054	甲午
午會	190	癸酉	2271	甲寅	1084	甲子
午會	190	癸酉	2272	乙卯	1114	甲午
午會	190	癸酉	2273	丙辰	1144	甲子
午會	190	癸酉	2274	丁巳	1174	甲午
午會	190	癸酉	2275	戊午	1204	甲子
午會	190	癸酉	2276	己未	1234	甲午
午會	190	癸酉	2277	庚申	1264	甲子
午會	190	癸酉	2278	辛酉	1294	甲午
午會	190	癸酉	2279	壬戌	1324	甲子
午會	190	癸酉	2280	癸亥	1354	甲午
午會	191	甲戌	2281	甲子	1384	甲子
午會	191	甲戌	2282	乙丑	1414	甲午
午會	191	甲戌	2283	丙寅	1444	甲子
午會	191	甲戌	2284	丁卯	1474	甲午
午會	191	甲戌	2285	戊辰	1504	甲子

會	運序號	運干支	世序號	世干支	始年 (公元)	始干支
午會	191	甲戌	2286	己巳	1534	甲午
午會	191	甲戌	2287	庚午	1564	甲子
午會	191	甲戌	2288	辛未	1594	甲午
午會	191	甲戌	2289	壬申	1624	甲子
午會	191	甲戌	2290	癸酉	1654	甲午
午會	191	甲戌	2291	甲戌	1684	甲子
午會	191	甲戌	2292	乙亥	1714	甲午
午會	192	乙亥	2293	丙子	1744	甲子
午會	192	乙亥	2294	丁丑	1774	甲午
午會	192	乙亥	2295	戊寅	1804	甲子
午會	192	乙亥	2296	己卯	1834	甲午
午會	192	乙亥	2297	庚辰	1864	甲子
午會	192	乙亥	2298	辛巳	1894	甲午
午會	192	乙亥	2299	壬午	1924	甲子
午會	192	乙亥	2300	癸未	1954	甲午
午會	192	乙亥	2301	甲申	1984	甲子
午會	192	乙亥	2302	乙酉	2014	甲午
午會	192	乙亥	2303	丙戌	2044	甲子
午會	192	乙亥	2304	丁亥	2074	甲午

太極命理

作　　者：半桶水

圖片來源：半桶水

責任編輯：Windy、Amy

美術設計：Karen

出　　版：明文出版社有限公司

發　　行：明報出版社有限公司

　　　　　香港柴灣嘉業街 18 號

　　　　　明報工業中心 A 座 15 樓

電　　話：2595 3215

傳　　真：2898 2646

網　　址：http://books.mingpao.com/

電子郵箱：mpp@mingpao.com

版　　次：二〇二四年四月初版

ＩＳＢＮ：978-988-8829-20-0

承　　印：美雅印刷製本有限公司